一课研究丛书
数与代数系列

朱乐平 ○ 主编

三位数乘两位数计算
教学研究

陈 昱 / 著

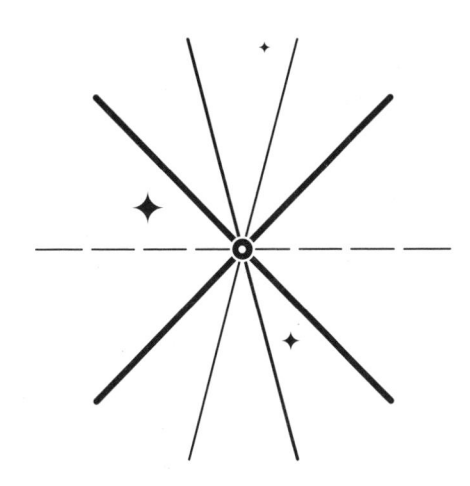

江西教育出版社
JIANGXI EDUCATION PUBLISHING HOUSE

·南昌·

图书在版编目(CIP)数据

三位数乘两位数计算教学研究 / 陈昱著 . -- 南昌：江西教育出版社 , 2022.2
（一课研究丛书 / 朱乐平主编 . 数与代数系列）
ISBN 978-7-5705-2919-3

Ⅰ.①三… Ⅱ.①陈… Ⅲ.①小学数学课 - 教学研究 Ⅳ.① G623.502

中国版本图书馆 CIP 数据核字 (2021) 第 276866 号

三位数乘两位数计算教学研究
SANWEISHU CHENG LIANGWEISHU JISUAN JIAOXUE YANJIU
陈　昱　著

江西教育出版社出版

（南昌市抚河北路 291 号　　邮编：330008)
各地新华书店经销
江西省和平印务有限公司印刷
720 毫米 ×1000 毫米　　16 开本　　12 印张　　字数 174 千字
2022 年 2 月第 1 版　　2022 年 2 月第 1 次印刷
ISBN　978-7-5705-2919-3
定价：38.00 元

赣教版图书如有印装质量问题，请向我社调换　电话：0791-86710427
投稿邮箱：JXJYCBS@163.com　　电话：0791-86705643
网址：http://www.jxeph.com

赣版权登字 -02-2022-035
版权所有　侵权必究

序

　　教师想上好一节小学数学课,常常需要一些资料进行阅读与研究,现在大家比较习惯于网上搜索,搜索的结果看上去内容有很多,但由于没有经过很好的筛选,要找到自己想要的内容,还是一件困难的事。本丛书试图为数学教师提供一个"资料超市",为教师上好一节数学课,提供十分有用的资料,减轻教师备课、上课与研究课的工作焦虑与负担。

　　我们团队从2007年开始进行一课研究,到2014年出版了"一课研究丛书·图形与几何系列"。经过五年多时间研究,包括听取读者的反馈意见,我们在原来的基础上,即将出版这套"一课研究丛书·数与代数系列"(以下简称"丛书")。这套丛书是对课的研究,其中的每一本都是围绕小学数学"数与代数"领域的一节课(或者是相关的一类课)进行多视角系统研究而形成。

　　研究的内容主要是根据一线教师的课堂教学实践和理论水平提高的需要来确定。主要从以下几个维度为数学教师提供"资料超市":

　　第一,数学知识维度。要上好一节课,围绕这一节课的知识点,教师应该要比学生有更多的数学知识,人们常常称之为本体性知识,丛书形象地称为"上位数学知识"。它是针对这一节课的内容,寻找与这节课相关的初中、高中(或中等师范学校)、大学数学知识。很显然,没有上位数学知识是无法上好一节课的,但只有上位数学知识还远远不够,必须从上位数学知识中获得对小学数学教学的启示。也就是说,要把围绕一节课的上位数学知识与小学数学紧密结合，指导小学数学教师进行教学。这一维度的研究主要解决教师在知识上的"一桶水"问题。

第二，课程标准维度。从理论上说，一个教师有了数学知识以后，首先要关注的就是课程标准。这是因为数学课程标准是一个规定了数学学科的课程性质、目标、内容和实施建议的教学指导性文件。对一节课展开研究应该从最高的纲领性文件入手，明确这节课的目标定位。丛书中所涉及的每一节课，作者都查阅了自20世纪初到现在的一百多年里的所有数学课程标准（教学大纲），展现出一节课的历史沿革过程并从中获得启示。

第三，教材比较维度。数学教材为学生学习一节课的内容提供了基本线索和知识结构，是重要的数学课程资源。丛书对一节课的教材从多个角度进行比较研究。从时间的角度看，进行了纵向与横向的比较研究。纵向比较研究是对同一个出版社或同一个主编在不同时期编写的教材进行多角度比较，从历史的沿革中感悟对一节课不同时期的编写特点。横向比较是对同一时期出版的多种不同版本的教材进行比较。从地域的角度看，丛书中进行了国内各地区教材的比较，国内教材与国外教材的比较。教材比较研究可以为教师上好一节课开阔视野，寻找到许多有价值的课程资源。

第四，理论指导维度。没有实践的理论是空虚的，没有理论的实践是盲目的。要上好一节课，自然需要理论的指导。奇怪的是我们虽然有许多的教育理论，但要真正系统地指导一节课的时候，特别是要指导一节课进入实践操作时，却又常常是困难的。丛书在数学教育理论指导课堂教学方面做了探索，努力做到让理论进入课堂教学实践，使实践者能够真正感受到理论的力量。

第五，学生起点维度。学生是学习的主体，要进行一节课的教学，自然要研究学生的起点。丛书不仅阐述如何了解学生起点的方法，而且还围绕一节课的学习，对学生起点情况进行分析与研究，从而更好地帮助教师进行教学设计。

序

第六，教学设计维度。有了上述五个维度的研究后，我们就可以进入教学设计维度的研究。丛书首先对一节课的教学设计进行综述，把散见在各种杂志(如《小学数学教师》《小学教学》等)和专著上的教学设计成果进行整理，明确这节课目前的所有研究成果，然后再根据学生的情况和多个不同的角度设计出新的不同的教学过程。这些新的教学设计都可以直接进入课堂教学实践。

第七，课堂教学维度。有了教学设计就可以进入课堂教学研究。这一维度主要是对一节课进行课堂教学的观察与评价。丛书将阐述如何从多个角度了解教师与学生的情况，如何对教师的教与学生的学进行观察与评价。

第八，课后评价维度。课后评价维度是指在学生学习了一节课以后，对学生的学习情况进行了解与评价。本丛书将从情感态度与知识技能两个大的方面对学生进行评价，包括如何进行课后的测查与访谈，以及对学生容易掌握的内容和容易出错的地方进行调查与研究，等等。

第九，校本教研维度。校本教研的重要性不言而喻。丛书将围绕一节课提供校本教研的活动方案，即提供教师对一节课开展系列研究的活动方案，以便对一节课进行全面、深入、系统的研究。

上述九个维度是丛书研究的基本视角，每一本书的作者会根据课的具体内容与特点有所侧重地展开研究。每一本专著既有自己的个性，又有丛书的共性。

丛书的作者是一线的小学数学教师或教研员，他们将自己对数学教育的理解，用自己熟悉的话语方式进行表达，并根据一线数学教师的需要写成了专著，试图为一线教师开展教学活动提供方便，促进数学教师的专业发展。

朱乐平
2019 年 8 月于杭州

目 录

1 **厘清概念** ··· 001
   1.1 三位数乘两位数计算的本体性知识解读 ················ 001
   1.2 三位数乘两位数计算的本体性知识教学启示 ············ 004

2 **读懂课标** ··· 006
   2.1 目标要求的流变 ······································ 006
   2.2 内容编排的调整 ······································ 011
   2.3 教学方法的建议 ······································ 015
   2.4 计算教学的启示 ······································ 021

3 **读懂教材** ··· 023
   3.1 苏教版与北师大版教材"三位数乘两位数"比较研究 ········ 023
   3.2 人教版2001和2012两版教材关于乘法计算编排的比较研究 ···
                                                                                 030
   3.3 台湾康轩版"三位数乘两位数"教材编排特色分析 ········ 050
   3.4 北师大版教材乘法计算中点阵图的教学价值 ············ 057

4 初试课堂

4.1 "三位数乘两位数"教学设计研究 ·············· 064
4.2 "三位数乘两位数"教学设计与思考 ·············· 078
4.3 "三位数乘两位数"初教反思 ·············· 089

5 读懂学生

5.1 把握学情，精准教学 ·············· 093
5.2 从未知到获知 ·············· 104

6 再涉课堂

6.1 李培芳"好玩的计算课——三位数乘两位数"教学实录与评析 ·············· 117
6.2 "三位数乘两位数"线上教学录制脚本 ·············· 133
6.3 "三位数乘两位数"线上教学片段与思考 ·············· 140
6.4 合肥市肥西县某小学 2017 级 6 班学生学习后测分析 ·············· 147
6.5 "三位数乘两位数"学习前后测个案分析 ·············· 161

附录 "画计算"的教学实践与思考 ·············· 167

参考文献 ·············· 182

1 厘清概念

1.1 三位数乘两位数计算的本体性知识解读

有人说,给学生一杯水,教师要有一桶水。从知识角度来看这句话,它提醒教师不能局限于教学知识的水平,而要对所教知识有更深刻更全面的认知,拥有比所教知识更广阔的知识面。对数学本体性知识的学习和钻研历来是数学教师不可或缺的基本功之一。正如还有人说,给学生一杯水,教师不仅要有一桶水,还要有长流水。长流水就是要持续学习。

那么,"三位数乘两位数"计算教学中有哪些需要厘清的概念?有哪些本体性知识需要我们深入钻研?让我们带着问题走进下面的内容。

1.1.1 乘法

乘法是加数相同的加法的简便运算,这可能是大多数人对乘法的认识。事实上,乘法概念并不这样简单。史宁中教授在《基本概念与运算法则——小学数学教学中的核心问题》一书中分两种情况来讨论乘法:一种情况是基于自然数集合的乘法,另一种情况是基于整数集合的乘法。

自然数集合上的乘法是加法的简便运算。比如,$20=5\times4$ 是由 $20=5+5+5+5$ 产生的,是 4 个 5 相加的简便运算。一般地,对于 $a\in N, b\in N$ 有

$$a\times b=c \leftrightarrow a+a+\cdots+a=c,$$

其中"连加"表示有 b 个 a 相加,因此,左边的乘法是 b 个 a 相加的简便运算。通常我们称其中的 a 为被乘数,b 为乘数,c 为积;当然在现行的教材中 a、b 都被称为因数。

基于以上运算,可以得到两个基本性质:对于任何 $a \in \mathrm{N}$,有
$$0 \times a = 0, 1 \times a = a。$$

这是乘法运算独有的性质,它们构成了乘法运算的基本特征,近代数学所定义的任何乘法都保留了这两个性质。

整数集合上的乘法不是加法的简便运算。当被乘数为负数、乘数为正数时,还可以把乘法运算解释为加法的简便运算。比如,可以将
$$(-3) \times 4 = -12 \leftrightarrow (-3) + (-3) + (-3) + (-3) = -12,$$

解释为 4 个 -3 相加的简便运算。可是,当乘数为负数时,"乘法是加法的简便运算"这个命题就解释不通了。比如,不可能把 $4 \times (-3)$ 解释为 -3 个 4 相加的简便运算。因此,在整数集合上,我们不能说乘法是加法的简便运算。

那么,应当如何定义整数集合上的乘法运算呢?

整数集合上的乘法运算是自然数集合上乘法运算的推广,推广的工具是交换律和分配律。乘法的交换律与分配律在自然数集合 N 上是成立的,把这个性质推广到整数集合 Z 上,表示如下:

对于 $a \in \mathrm{Z}, b \in \mathrm{Z}, c \in \mathrm{Z}$ 有

交换律:$a \times b = b \times a$。

分配律:$(a + b) \times c = (a \times c) + (b \times c)$。

对于乘数为负数的情况,通过交换律可以得到
$$4 \times (-3) = (-3) \times 4 = -12。$$

1 对于乘法运算来说是非常重要的数,相当于 0 对于加法运算,通常把 1 这个数理解为乘法运算的单位元。可以用 1 和相反数 -1 把乘法计算法则表示为
$$1 \times 1 = 1,$$
$$1 \times (-1) = (-1) \times 1 = -1,$$
$$(-1) \times (-1) = 1。$$

其中,第一个等式来自乘法的基本性质,第二个等式可以通过交换律直接得到,第三个等式可以用下面的方法给予证明:

1 厘清概念

$$0 = 0 \times (-1)$$
$$= [(-1)+1] \times (-1)$$
$$= [(-1) \times (-1)] + [1 \times (-1)]$$
$$= [(-1) \times (-1)] + (-1)。$$

在上面最后的式子中,因为 -1 的相反数为 1,因此得到结论:$(-1) \times (-1) = 1$。这就解释了为什么负负得正。上面的运算过程中,第一个等号是因为 0 乘以任何数的积为 0;第二个等号是因为 1 与 -1 互为相反数,和为 0;第三个等号是因为乘法分配律;第四个等号是因为已知 $1 \times (-1) = -1$。

当然,为了说明把乘法运算由自然数集合扩充到整数集合的合理性,还必须证明这种扩充的唯一性,囿于篇幅这里不再给出证明。

《几何原本》中有这样一个定义:"两个数相乘得的数称为面积数,其两边即为相乘的两数。"这句话非常形象,给人画面感,暗含着数形结合思想。

1.1.2 两(三)位数

我们在说"两位数""三位数"时,其实是基于我们的计数法来说的。我们使用的是什么样的计数法?这个问题不难,各位一定知道是十进位值制计数法,专家说这可能与我们有十根手指有关。在了解十进制之前,我们有必要先了解位值制,章勤琼教授曾经指出位值制的本质是:

①不同的数位表示不同的数值;②用各数位"合"起来的方式表示数;③所有的数都能表示出来;④一个数在一种位值制下只有一种表示方法。

由此,我们不难继续理解"十进位值制计数法":用 0、1、2、3、4、5、6、7、8、9 十个有限的数字符号和个、十、百、千、万等不同数位可以表示出所有的数。也就是用"符号"+"数位"的方式来计数。

计数的事情厘清后,我们再说计算的事。计算的本质是推理,而计算推理要在一定的规则基础上进行,比如"满十进一"和"退一当十"就是我们的计算推理无法避开的规则。或者说,"满十进一"和"退一当十"是我们都很熟悉的一种基本算法。为什么存在这样的算法?

计算法则根植于计数法则,我们使用的是十进位值制计数法,所以我们的计算也必须遵循这样的法则。与其说"满十进一"是一种计算法则，不如说它是一种计数法则。十进位值制计数法的特点之一就是：计数时需要遵循"满十进一"和"退一当十"的规则。

我们再来看乘法计算。三位数乘两位数可以这样表示：

$$(100a+10b+c)\times(10d+e)$$
$$=(100a+10b+c)\times 10d+(100a+10b+c)\times e$$
$$=1000ad+100bd+10cd+100ae+10be+ce$$
$$=1000ad+100(bd+ae)+10(cd+be)+ce$$

其中，a、b、c 都是任意自然数，也就是我们是在自然数范围内学习这个内容的。另外需要注意的是，三位数乘两位数的算法是基于十进位值制和乘法分配律的，之后我们发明了竖式来记录这个计算过程，将其程式化。

1.2　三位数乘两位数计算的本体性知识教学启示

1.2.1　算理是运算的本质

在将自然数集合上的乘法运算推广到整数集合上的过程中，推广的工具是交换律和分配律，我们把这两个运算律称为乘法运算的算理。我们不能简单将其理解为依附于运算的一种性质，而更应当将其理解为运算的本质，也就是运算与算理是等价的。《义务教育数学课程标准（2011 年版）》专设一个核心概念"运算能力"，并特别强调：培养运算能力有助于学生理解运算的算理，寻求合理简洁的运算途径解决问题。

需要特别注意的还有，算法与算理对于运算同等重要：有了运算方法可以得到算理，有了算理也可以得到运算方法。两者相辅相成，在教学中可以相互促进。或者说，计算教学需要我们在掌握算法和理解算理上下功夫，更需要我们将它们联系起来，不可人为分割，也不可能被分割。

1.2.2　计算法则基于计数法则

从上面对"两（三）位数"的深入理解中，我们知道计算的基础是计数。或者说，要想学好计算，必须对计算的对象——数——有深刻的认识。因为数的性质和本质决定了对其所做计算动作的方法和道理。如果学生对十进位值制计数法有非常清晰的认识和很深刻的理解,那么他学习相关的加减乘除运算就会非常轻松自然,会很容易接受和理解算法和算理;相反,一个计算学不好的学生很可能问题在于对计算对象的理解不够深刻和清晰。

从这个意义上说,以下两个比方倒是合理的。我们常形容数学学习犹如盖楼,地基打得越牢固,楼层就可以盖得越高;或者说,数学学习犹如登楼,必须一步一个台阶,不可能跳过一楼直接上到二、三楼。似乎,数学学习更加凸显"循序渐进"的规律;这也是学习和教学要"扎实"的要义所在。在扎实的基础之上,融会贯通,则一通百通。比如,"满十进一"从计数法迁移到计算法;比如,分配律从乘法定义到乘法计算;等等。

2　读懂课标

作为在新课改中成长起来的小学数学教师,笔者养成了一个习惯,每当遇到一个课题或教学内容,首先会想到:课标是怎么要求的?给了哪些建议?可以做哪些创造性开发?新课标和教师教学用书肯定是案头不可或缺的常用工具书。有时候为了解惑,还需要查找不同版本的课标或教材。正是在对课标的研读中,笔者获得了更高的视角,对教学内容有了比较清晰深刻的领悟。

"三位数乘两位数"的教学也是从研读课标开始的。

2.1　目标要求的流变

1949 年后我国先后出台了小学(义务教育阶段)数学(算术)课程标准(教学大纲)共 11 个,1994 年还有一个《关于印发中小学语文等 23 个学科教学大纲调整意见的通知》。笔者梳理了各版课程标准(教学大纲)中与整数计算及与三位数乘两位数教学相关的教学目标和要求(见表 2-1),从中可以看出这 72 年时间里关于整数计算及"三位数乘两位数"在课程目标和教学要求上发生的变化。

表 2-1　1949 年至今国内各版小学(义务教育阶段)数学课标(大纲)
关于整数计算及三位数乘两位数的教学目标和要求统计

时间 (年份)	课标名称	目标要求	备注
1950	小学算术课程暂行标准（草案）	指导儿童具有正确和敏捷的计算技术和能力。	珠算独立呈现
1952	小学算术教学大纲（草案）	儿童在小学算术课程中应获得整数四则运算(包括不名数和名数)的巩固知识，口算和笔算的熟练技巧。	
1956	小学算术教学大纲（修订草案）	在小学算术课程中应该使儿童获得整数和整数四则运算的巩固知识，口算、笔算和珠算的技巧。 关于整数计算，学生应该：熟练每种运算中所用术语；熟练掌握笔算技巧；知道每种运算中各组成部分间的相互关系，并且能够利用这种关系对运算所得的结果进行验算；明白每种运算的意义，并且知道每种运算的基本应用情况；在口算和笔算里能够利用运算的基本性质，并且能够把加法的交换性质和乘法的交换性质表述出来(其他的运算性质不需要学生表述)。 关于口算，口算在日常生活中有广泛的应用，可以发展儿童的思维、机智、注意力和记忆力。它又是笔算的基础。因此发展儿童口算技巧具有重要意义。首先要使儿童掌握一般的口算方法，然后根据他们掌握这些方法的熟练程度，逐步使他们熟悉简捷的口算方法：凑成整百、整十数的方法，利用加法和乘法的交换性质的口算法，利用连乘连除的口算法。口算的练习不仅有式题，还要有应用题，而且要多练习解答能够口算的应用题。	
1963	全日制小学算术教学大纲（草案）	掌握整数等基础知识，能够正确、迅速地进行整数等四则计算。 三年级(下学期)能够熟练计算两位数乘多位数。	

三位数乘两位数计算教学研究

表 2-1

（续表）

时间（年份）	课标名称	目标要求	备注
1978	全日制十年制学校小学数学教学大纲（试行草案）	掌握有关整数等基础知识，能够正确、迅速地进行整数等四则计算。 三年级（上学期）能够熟练地笔算乘数是两、三位数的乘法。	
1986	全日制小学数学教学大纲	掌握有关整数等基础知识，能够正确、迅速地进行整数等四则计算，逐步培养学生的计算能力和初步的逻辑思维能力。 三年级（五年制上学期、六年制下学期）掌握乘数是两、三位数的乘法计算法则，能够正确地进行笔算，会用交换被乘数、乘数位置的方法验算乘法，结合大数目计算培养学生细心严格的学习习惯。学会一些简便算法，能够根据题目的具体情况，灵活地进行简便运算。	
1988	九年制义务教育全日制小学数学教学大纲（初审稿）	使学生获得有关整数等基础知识，使学生能够正确地进行整数等四则运算，对于其中一些基本的计算，要达到一定的熟练程度。逐步做到计算方法合理、灵活。 三年级（五年制）掌握乘法的笔算法则，比较熟练地笔算乘数是两位数的乘法，正确地笔算乘数是三位数的乘法。会用交换被乘数、乘数位置的方法验算乘法，学会相应的一些口算和估算及简便算法。结合计算，培养学生认真负责的学习习惯。 三年级（六年制）掌握乘数是两位数的笔算乘法法则，能够比较熟练地计算。会用交换被乘数、乘数位置的方法验算乘法。学会一些简单估算、相应口算和简便算法。 四年级（六年制）正确笔算乘数是三位数的乘法。学会一些简单估算、相应口算和简便算法。结合计算，培养学生认真负责的学习习惯。	

表2-1

(续表)

时间 (年份)	课标名称	目标要求	备注
1992	九年义务教育全日制小学数学教学大纲（试用）	使学生获得有关整数等基础知识，使学生能够正确地进行整数等四则运算，对于其中一些基本的计算，要达到一定的熟练程度，并逐步做到计算方法合理、灵活。 三年级（五年制）掌握乘法的计算法则，比较熟练地笔算乘数是两位数的乘法。会笔算乘数是三位数的乘法。会用交换被乘数、乘数的位置验算乘法。比较熟练地口算（相应）。学会一些简便算法。 三年级（六年制）掌握乘数是两位数的乘法笔算法则，能够比较熟练地计算。能够比较熟练地口算（相应）。学会一些简便算法。 四年级（六年制）会笔算乘数是三位数的乘法。会用交换被乘数、乘数的位置验算乘法。会相应口算。学会一些简便算法。	
2000	九年义务教育全日制小学数学教学大纲（试用修订版）	使学生获得有关整数等基础知识，使学生能够正确地进行整数等四则运算，对于其中一些基本的计算，要达到一定的熟练程度，并逐步做到计算方法合理、灵活。具有估算意识和初步的估算能力。 三年级（五年制）掌握两位数乘法的笔算法则，会笔算乘法。会用交换乘数的位置验算乘法。会口算相应乘法。学会一些简便算法。 三年级（六年制）掌握两位数乘法的笔算法则，会笔算乘法。会用交换乘数的位置验算乘法。会口算相应乘法。学会一些简便算法。	
2001	全日制义务教育数学课程标准（实验稿）	获得适应未来社会生活和进一步发展所必需的重要数学知识（包括数学事实、数学活动经验）以及基本的数学思想方法和必要的应用技能；初步学会运用数学的思维方式去观察、分析现实社会，去解决日常生活中和其他学科学习中的问题，增强应用数学的意识；体会数学与自然及人类社会的密切联系，了解数学的价值，增进对数学的理解和学好数学的信心；具有初步的创新精神和实践能力，在情感态度和一般能力方面都能得到充分发展。	

>> 三位数乘两位数计算教学研究

表 2-1

（续表）

时间（年份）	课标名称	目标要求	备注
2001	全日制义务教育数学课程标准（实验稿）	第一学段，认识万以内的数，了解四则运算的意义，掌握必要的运算（包括估算）技能。 能计算两位数乘两位数的乘法。能结合具体情境进行估算，并解释估算的过程。经历与他人交流各自算法的过程。 第二学段，认识亿以内的数，掌握必要的运算（包括估算）技能。 能笔算三位数乘两位数的乘法。探索和理解运算律，能应用运算律进行一些简便运算。在解决具体问题的过程中，能选择合适的估算方法，养成估算的习惯。能借助计算器进行较复杂的运算，解决简单的实际问题，探索简单的数学规律。	
2011	义务教育数学课程标准（2011年版）	获得适应社会生活和进一步发展所必需的数学的基础知识、基本技能、基本思想、基本活动经验。体会数学知识之间、数学与其他学科之间、数学与生活之间的联系，运用数学的思维方式进行思考，增强发现和提出问题的能力、分析和解决问题的能力。了解数学的价值，激发好奇心，提高学习数学的兴趣，增强学好数学的信心，养成良好的学习习惯，具初步的创新意识和科学态度。 经历数与代数的抽象、运算与建模等过程，掌握数与代数的基础知识和基本技能。建立数感、符号意识和空间观念，初步形成几何直观和运算能力，发展形象思维与抽象思维。 第一学段，理解万以内数的意义，体会四则运算的意义，掌握必要的运算技能；在具体情境中，能进行简单的估算。 能计算两位数乘两位数的乘法。能结合具体情境，选择适当的单位进行简单估算，体会估算在生活中的作用。经历与他人交流各自算法的过程。能运用数和运算解决生活中的简单问题，并能对结果的实际意义作出解释。	

表 2-1

(续表)

时间 (年份)	课标名称	目标要求	备注
2011	义务教育数学课程标准（2011年版）	第二学段，认识万以上的数，掌握必要的运算技能，理解估算的意义。能笔算三位数乘两位数的乘法。探索并了解运算律（加法的交换律和结合律、乘法的交换律和结合律、乘法对加法的分配律），会应用运算律进行一些简便运算。在具体运算和解决简单实际问题的过程中，体会加与减、乘与除的相互关系。经历与他人交流各自算法的过程，并能表达自己的想法。在解决问题的过程中，能选择合适的方法进行估算。能借助计算器进行运算，解决简单的实际问题，探索简单的数学规律。	

以上变化可以用时间线上各个标准（大纲）中"目标要求"的特点标记来整体呈现：

简洁笼统（1950年）—强调口算笔算的熟练技巧（1952年）—细化要求，重视口算（1956年）—分年级要求，追求算得又对又快（1963年）—分年级要求，熟练笔算（1978年）—分年级要求，注重算法和简算，提及验算和计算习惯（1986年）—分年级要求，笔算与口算、估算、简算等多样，提及算法、验算、计算习惯和灵活计算（1988年）—分年级要求，笔算、口算、简算等多样，提及算法、验算和计算习惯（1992年）—分年级要求，重视估算，提及验算、口算、简算和灵活计算（2000年）—分学段要求，注重情境、估算和算法交流，提及简算和计算器计算（2001年）—分学段要求，强调意义理解、运算过程和算法交流，重视情境、估算和应用，提及简算和计算器计算（2011年）。

以上流变主要呈现出以下两大特征：从强调有关计算的知识技能向强调算法思维和核心素养过渡；从追求熟练技能到重视获得经验和数学理解过渡。

2.2 内容编排的调整

笔者对11版课标（大纲）中有关"三位数乘两位数"教学内容的编排要求做了一个梳理（见表2-2）。

三位数乘两位数计算教学研究

**表2-2　1949年至今国内各版小学(义务教育阶段)数学课标(大纲)
关于三位数乘两位数教学内容编排要求统计表**

时间(年份)	课标名称	内容编排	备注
1950	小学算术课程暂行标准(草案)	三年级第二学期:乘数两位的乘法;四年级第一学期:乘数三位的乘法。	
1952	小学算术教学大纲(草案)	三年级第二学期:两位数乘多位数,三位数乘多位数。	
1956	小学算术教学大纲(修订草案)	四年级第一学期:用一位数、整十数和两位数乘;四年级第二学期:用一百、一千乘,用整百数乘,用三位数乘,乘法的验算。	
1963	全日制小学算术教学大纲(草案)	三年级第二学期:两位数乘多位数(用十、整十乘的口算);四年级第一学期:三、四位数乘多位数(用被乘数和乘数的方法验算乘法,一个数与100、1000相乘的口算,乘数是5、50、500、25、250的简便算法,被乘数、乘数末尾是0的简便算法)。	
1978	全日制十年制学校小学数学教学大纲(试行草案)	三年级第一学期:乘数是两、三位数的乘法(两位数乘多位数,三位数乘多位数,乘法交换律、结合律、分配律,应用运算律作简便计算,口算10、100、1000乘一个数,口算一位数乘两位数)。	
1986	全日制小学数学教学大纲	五年制三年级第一学期:乘数是两、三位数的乘法(两位数乘多位数,三位数乘多位数,乘法交换律、结合律、分配律,应用运算定律作简便计算,口算10、100、1000乘一个数,口算一位数乘两位数,看着横式计算。六年制三年级第二学期:乘数是两、三位数的乘法(两位数乘多位数,三位数乘多位数,口算10、100、1000乘一个数,口算一位数乘两位数,看着横式计算)。	

2 读懂课标

表 2-2

(续表)

时间（年份）	课标名称	内容编排	备注
1988	九年制义务教育全日制小学数学教学大纲（初审稿）	五年制三年级：乘数是两、三位数的乘法（被乘数、乘数末尾有0的简便算法，乘法验算）； 六年制三年级：乘数是两位数的乘法（被乘数、乘数有0的简便算法，乘法验算，乘数是一位数的乘法简单估算）； 六年制四年级：乘数是三位数的乘法（乘法简单估算，乘数接近整十、整百的简便算法）。	
1992	九年义务教育全日制小学数学教学大纲（试用）	五年制三年级：乘数是两、三位数的乘法（积的变化，被乘数、乘数末尾有0的简便算法，乘法验算，乘法简单估算，乘数接近整十整百的简便算法）； 六年制三年级：乘数是两位数的乘法（被乘数、乘数末尾有0的简便算法，乘法验算，乘法的简单估算，连乘连除的简便算法）； 六年制四年级：乘数是三位数的乘法（积的变化，乘法简单估算，乘数接近整十整百的简便算法）。	
2000	九年义务教育全日制小学数学教学大纲（试用修订版）	五年制三年级：两位数乘法（一个数是两位数、另一个数一般不超过三位数，积的变化，乘数末尾有0的简便算法，乘法验算，连乘连除简便算法，乘数接近整十、整百的简便算法）； 六年制三年级：两位数乘法（一个数是两位数、另一个数一般不超过三位数，乘数末尾有0的简便算法，乘法验算，连乘连除简便算法）； 六年制四年级：积的变化，乘数接近整十整百的简便算法。	

三位数乘两位数计算教学研究

表 2-2

(续表)

时间 (年份)	课标名称	内容编排	备注
2001	全日制义务教育数学课程标准(实验稿)	第一学段：数的运算。结合具体情境,体会四则运算的意义。两位数乘两位数的乘法。结合具体情境进行估算,并解释估算的过程。经历与他人交流各自算法的过程。灵活运用不同的方法解决生活中的简单问题,并对结果的合理性进行判断。 第二学段：数的运算。笔算三位数乘两位数的乘法。探索和理解运算律,应用运算律进行一些简便运算。在解决具体问题的过程中,选择合适的估算方法,养成估算的习惯。借助计算器进行较复杂的运算,解决简单的实际问题,探索简单的数学规律。	
2011	义务教育数学课程标准(2011年版)	第一学段：数的运算。结合具体情境,体会整数四则运算的意义。两位数乘两位数的乘法。结合具体情境,选择适当的单位进行简单估算,体会估算在生活中的作用。经历与他人交流各自算法的过程。运用数和运算解决生活中的简单问题,并对结果的实际意义作出解释。 第二学段：笔算三位数乘两位数的乘法。探索并了解运算律(加法的交换律和结合律、乘法的交换律和结合律、乘法对加法的分配律),应用运算律进行一些简便运算。经历与他人交流各自算法的过程,并表达自己的想法。在解决问题的过程中,选择合适的方法进行估算。借助计算器进行运算,解决简单的实际问题,探索简单的数学规律。	

各个版本的课标(大纲)都将"三位数乘两位数"编排在三、四年级教学,2001年和2011年新课标虽没有将内容编排到年级,只有学段划分,但各版本教材在具体编排中也是将这一内容安排在三、四年级。这样的编排遵循了儿童认知发展规律和循序渐进的知识教学逻辑。

2.3 教学方法的建议

关于课标(大纲)中有关教学方法(教学实施)的建议,我们将截取各版课标中一些章节,从小学数学教学的整体角度进行探讨。

1950年《小学算术课程暂行标准(草案)》中"教学方法要点"全文摘录如下:

教学方法要点:

①第一学年开始学习基本数量的辨认,可视儿童的实际情况,给予一个月或两个月的随机学习。

②计算的数量和事实,应充分和别科联络。

③教学每种新方法,要使儿童彻底了解道理,不但"知其然",而且能够"知其所以然",因此:首先,要尽可能地利用实物计算,或指导儿童实地去做(如教尺秤升斗,必须用实物观察和实验;教地积,必须实地测量,或用手脚眼睛等作概数的估计)。其次,应用题的解释,可用实物或各形说明的,应尽量多用。再次,要使儿童先懂事实和数理,然后把公式、歌诀和规则写出来,备儿童温习或记忆之用。最后,要指导儿童从调查研究中去了解实际情况,并且能具体应用,借此养成儿童有科学的学习态度。

④心算是笔算的基础,除在笔算时结合心算教学外,每次上课,应抽出五分钟或七分钟的练习。第一学年心算和笔算可以分开,先教心算,加快它的速度;到第二学年再把心算笔算统一起来。这样,有了两年的心算训练,以后做起笔算来就会迅速了。

⑤速算习惯的养成,是要循序渐进的。教师应当定好细密的步骤,按部就班地用各种方法来练习。

⑥笔算和心算的材料,要从儿童生活中日常接触的事物里去找,使儿童觉得各种题材都很熟悉,有趣容易而有用。有时更可把内容故事化,以增加儿童的学习兴趣。但须注意目的在于练习算术,故事成分不宜太多。

⑦练习的方式,应多变化,游戏和竞赛,可酌情采用。但须注意不能过分紧张,以致妨碍儿童的身心健康。

⑧在笔算练习中,除了要求正确、迅速以外,还要使儿童注意算式的清楚,簿籍的整洁和耐心的思考,以养成各种优良的习惯。

⑨教学时不可浪费时间。例如课本上的应用题,不必叫儿童抄写;补充题须由教师板书的,应在课前预先写好;在指定少数人扮演时,其余的人仍须在簿上练习。

⑩注意儿童个别的差异,给以不同的适当练习,例如对于计算快的儿童,多配些材料;对于算的慢的儿童,少配些材料等。更可以利用课余时间,叫优等生去帮助程度较差的儿童。但教师对于各组儿童的发展情况,应时常调查研究,多做诊断和补救的工作。对于程度较差的儿童,更须负起责任来细细地指导他们。

⑪珠算因有五进的关系,比较笔算要难学一些。现在提倡不用口诀教法,练习时应充分与笔算联系。

⑫珠算是一种技术的训练,必须达到百分之百的纯熟。所以在学会某种方法以后,应指导儿童在校内或在家内多多练习。

⑬算术的系统性较强,缺了课就难于继续学习。所以对于缺课的儿童,应先叫他补完了旧课,才教他新课。

不知道老师们读到新中国成立初的这份材料会有什么感想,笔者的第一印象是这些教学方法的要求非常务实细致,同时关照了学科特点和儿童需求,其中绝大部分内容即便放到21世纪的当下也是不落伍的。

具体来说,这份材料中很多观点令笔者惊叹:它提及学科融合,数学(算术)不是孤立的;它重视算理理解,提倡实物操作和实地学习,其中后者甚至有当下比较热门的"数学步道"的影子;它强调理解基础上的记忆,反对死记硬背;它提倡调查研究,推崇科学态度;它特别重视心算(口算),强调其基础性,提倡不同算法(心算与笔算、珠算与笔算等)间的联系;它追求计算速度,重视训练,也讲究方法,强调循序渐进;它特别强调教学要联系学生生活,借助儿童熟悉的事物教学;它关注儿童的心理特征,提倡教学故事化、游戏化和组织竞赛,关注和提高学生学习兴趣,同时指出要把握好"度",故事、游戏、竞赛的成分不宜过多,提醒教学活动要紧扣学科教学目标;它关注良好习惯和态度等非智力因素的培养;它强调课堂教学效率;它提倡因材施教和关注学生个性差异;它提醒注意数学学习的连贯性;等等。

以上种种,除了"珠算"等历史元素、为了追求"计算速度"而过分强调"计算训练"等有待商榷的内容以外,其他要求都比较科学,特别务实,丝毫没有"陈旧"气息。面对新中国第一个"教学大纲"的这些要求,身处"新课改"的我们有很多东西需要认真反思。

1952年《小学算术教学大纲(草案)》中有关于"直观教学"的规定:

在小学要发展儿童抽象的数学概念和抽象思维,必须从直观教学开始。直观教学的方式是极其广泛的,例如:观察实物,实地练习测量制图,利用教具、模型、图表等,都是极有效的方法。因此,算术积木箱、各种计数器、度量衡用具(尺秤等)、简单的制图仪器(圆规、三角板、尺等)、简单的地面测量工具(直角标竿、卷尺、弓等)、几何挂图、几何物体模型(正方体、长方体)等实物教具,都应该是学校必备的。而且教师必须善于利用这些教具。此外,图表、图解也大有助于儿童的理解。例如:学习九九表时,利用长方体图解;学习分数时,利用圆形和长方形图解;学习面积、体积时,利用正方形、长方形、正方体、长方体图解;学习应用题时,利用各种直线的图解;等等。

在算术教学中,教师应该充分发挥创造力,制作并创造更多的直观教具。这样一方面可以弥补教具设备的不足,另一方面也可以提高教学效果。

以上规定受限于当时经济大环境、整体教学观等条件,囿于"教具"而不能推及到"学具",除此之外其他内容搬到今天同样是适用的。

1956年《小学算术教学大纲(修订草案)》对上一版中"直观教学"有了补充:

在教学中,除了利用现成的直观教具,还应该多利用自制的直观教具,例如:数字卡片、计数板、几何图形、各种测量工具等。这样,一方面可以弥补教具设备的不足,另一方面也可以提高教学效果。不仅教师自己制造,还应该让儿童来制造。制造直观教具的作业不但可以帮助儿童更好地理解这些教具所说明的那些知识,还可以培养儿童一些手工劳动的技能和技巧,如剪、贴、锯、刨等。

学生自制教具的好处是十分明显的,除了资料中提及的"更好理解知识"和"培养手工劳动技能",至少还有两点:①由提高动手能力进而发展智力和创造力;②自制教具使学具操作成为可能,即培养"动手能力"不仅在制作教具过程中,还在使用教具过程中。

1963年《全日制小学算术教学大纲(草案)》将1950年以来的教学方法作了梳理和强化,明确提出四条注意点:①讲清概念、法则、公式以及解题的方法;②突出重点,抓住关键,解决难点;③加强练习,培养学生正确地、迅速地进行四则计算的能力,正确地解答应用题的能力,以及具有初步的逻辑推理的能力和空间观念;④适当地联系实际。在大纲中以上每一条下面都有比较详细的要求,其指导思想与前面几版大纲一脉相承,使上文论述的某些特点更加鲜明。与此同时,也放大了其缺点:教学方法以"讲授+训练"为主,学生学习比较被动。

1978年《全日制十年制学校小学数学教学大纲(试行草案)》在教学方法上承接改革开放之前的四版大纲理念,经过进一步的梳理和凝炼,提出五条教学注意点:①重视基础知识教学;②注意培养计算能力;③注意逐步培养学生的逻辑思维能力;④注重理论联系实际;⑤结合数学教学内容对学生进行思想政治教育。每一条下面的要求继承了之前大纲的诸多优点,比如直观教学、联系生活等;也新增了一些好的教学方法,比如坚持启发式反对注入式等;也有一些原有的缺陷,比如仍以讲练式教学为主等。

1986年《全日制小学数学教学大纲》在教学方法上保留了上一版中五条注意点,并且新增了三点:将原先第3条改成"注意逐步培养学生的逻辑思维能力和空间观念";新增了第6条"改革教学方法"和第7条"改进成绩的评定"。后两条很鲜明地释放出我国教学改革的先声,现全文摘录如下:

改革教学方法。为了全面完成教学大纲所规定的目的任务,减轻学生的负担,提高教学质量,必须改革教学方法。要发挥教师的主导作用和学生的学习积极性、主动性。要坚持启发式,反对注入式。要结合学科特点、教学内容和班级的具体情况,选择教学方法。要讲求实效,有利于提高教学效果。要灵活运用教学方法,不要生搬硬套。要因材施教,对学习有困难的学生要加强个别辅导,努力做到使他们达到教学大纲所规定的基本要求;对学习有余力的学生可以让他们多做一些综合运用知识和富有思考性的题目,以发展他们的才能。除了改革课堂教学外,要适当开展数学课外活动。例如,收集常用的数据,建立数学兴趣小组等。

改进成绩的评定。要通过课堂教学和学生的作业,了解学生的学习情况,作为改进教学和评定成绩的依据。要根据教学大纲和教材的基本要求进行成绩考查。既要考查理解和掌握数学基础知识的情况,又要考查计算能力、解题能力、空间观念和灵活运用知识的能力。不要出难题、偏题、怪题和死记硬背的题目。通过改进成绩的评定,促进教学改革,减轻师生的负担。

1988年《九年义务教育全日制小学数学教学大纲(初审稿)》对上一版中的教学方法注意点重新修订成新的七条:①加强基础知识教学;②重视发展智力、培养能力;③结合学科特点,对学生进行思想品德教育;④处理好共同要求和因材施教的关系;⑤改革教学方法;⑥有效地组织练习和复习;⑦改革成绩的考查和评定。在这一版大纲中可以比较清晰地看到我国数学教育"重视双基""变式练习""启发式教学""因材施教"等优势,也可以看到为了适应时代发展而开始寻求"改革"的尝试。

1992年《九年义务教育全日制小学数学教学大纲(试用)》基本沿用了上一版"教学中应该注意的几个问题",仍然是七条注意点,只是把第四条改成"处理好面向全体学生和因材施教的关系",实际内容没有大的改动。

2000年《九年义务教育全日制小学数学教学大纲(试用修订版)》对上一版教学注意点作了修订,沿用其中第1、2条,将原先第3条改为第5条,删去原第4、5、6条,新增第3条"重视从学生的生活经验和已有知识中学习数学和理解数学"、第4条"重视培养学生的创新意识和实践能力",将原先第7条改成第6条"改进教学评估方法"。应该说,以上改变更加突出了"改革"的方向和力度,第一次明确提出"培养学生创新意识和实践能力",并在这一条下面提出"学生是教学活动的主体,教师应成为教学活动的组织者、指导者和参与者。……给学生提供自主探索的机会。让学生在观察、操作、讨论、交流、猜测、归纳、分析和整理的过程中,理解数学问题的提出、数学概念的形成和数学结论的获得,以及数学知识的应用"。这些都为2001年新课标的出台奠定了基础。

2001年《全日制义务教育数学课程标准(实验稿)》在其课程实施建议部分分学段提出教学建议和评价建议,其中第一学段教学建议中提出:①让学生在生动具体的情境中学习数学;②引导学生独立思考和合作交流;③加强估算,鼓励算法多样化;④培养学生初步的应用意识和解决问题的能力。第一学段评价建议中提出:①注重对学生数学学习过程的评价;②恰当评价学生基础知识和基本技能的理解和掌握;③重视对学生发现问题和解决问题能力的评价;④评价方式要多样化;⑤评价结果以定性描述的形式呈现。第二学段的教学建议中提出:①让学生在现实情境中体验和理解数学;②鼓励学生独立思考,引导学生自主探索、合作交流;③加强估算,鼓励解决问题策略的多样化;④重视培养学生应用数学的意识和能力。第二学段评价建议中提出的也是五条,前三条与第一学段相同,第4、5条改成了"评价主体和方式要多样化"和"评价结果要采用定性与定量相结合的方式呈现,以定性描述为主"。

不难看出,这一版课标是"革命性"的,针对以前数学教学中长期存在的问题,非常有针对性地作出改革,以至于有些方面过犹不及,发生了偏差。这是课改过程中难免的,于是有了2011版课标的"拨乱反正"和"深化改革"。

《义务教育数学课程标准(2011年版)》内容极为丰富详细,在其实施建议部分有教学建议、评价建议和教材编写建议,考虑篇幅有限,在此仍只能以条目呈现教学建议,其他从略。其教学建议主要有:①数学教学活动要注重课程目标的整体实现;②重视学生在学习活动中的主体地位:学生是数学学习的主体,在积极参与学习活动的过程中不断得到发展;教师应成为学生学习活动的组织者、引导者、合作者,为学生的发展提供良好的环境和条件;处理好学生主体地位和教师主导作用的关系;③注重学生对基础知识、基本技能的理解和掌握:数学知识的教学,应注重学生对所学知识的理解,体会数学知识之间的关联;在基本技能的教学中,不仅要使学生掌握技能操作的程序和步骤,还要使学生理解程序和步骤的道理;④引导学生积累数学活动经验、感悟数学思想;⑤关注学生情感态度的发展;⑥合理把握"综合与实践"的实施;⑦教学中应当注意的几个关系:面向全体学生与关注学生个体差异的关系;"预设"与"生成"的关系;合情推理与演绎推理的关系;使用现代信息技术与教学手段多样化的关系。

很显然,目前实行的这版课标面对我国数学教育教学的传统持更加理性和审慎的态度,既坚持了深化课改,又尽可能传承优良传统。

2.4 计算教学的启示

综上分析,我们可以得出有关"三位数乘两位数"计算教学在课标要求层面的"变"与"不变"。

首先谈"不变":

1. 教学年级大体不变

新中国成立后至今 11 版小学(义教阶段)数学课标(教学大纲)无一例外都将"三位数乘两位数"这一教学内容安排在三年级或四年级。这与儿童认知发展特点和计算教学由浅入深、从易到难螺旋推进的教学逻辑是契合的。

2. 双基目标大体不变

七十多年来,各版课标(大纲)都要求学生掌握"三位数乘两位数"计算的基础知识和基本技能,即掌握其算法,会正确笔算等。计算能力一直是我国小学生举世公认的强项,历来受到重视,尤其自 1963 年教学大纲明确提出小学算术(数学)"四大能力"开始,计算能力便成为"四大能力"之首;2001 年课标虽有淡化和改变,但 2011 年课标中又有了核心词"运算能力"。正如曹培英先生所言,运算能力是小学数学中的"不倒翁"。

3. 教学内容大体不变

各版课标在"三位数乘两位数"计算教学中都是以笔算为主。且除了较短时期要求达到"比较熟练地计算三、四位数乘多位数"外,基本整数乘法都是到"三位数乘两位数"止步。

再谈"变":

1. 目标要求在变

关于目标要求,整体上是从简略笼统到详尽细致的变化;在一直关注"双基"的同时,具体要求主要是从追求"又对又快"到注重"灵活多样"再到关注"过程和理解"不断变化。

2. 内容细节在变

这么多年"三位数乘两位数"始终以笔算为主要内容,但是在不同的版本里会牵涉到不同的其他计算方式,比如在2001年新课标之前,都是强调笔算与口算、简算的联系,尤其是与口算的联系;只有到2001年新课标及以后才特别关注笔算与估算、口算、简算等多样计算之间的联系;而且,也只有到两版新课标时期,估算、口算才与笔算在内容上同步,之前的在同一单元或同册出现的口算和稍晚才有的估算都是比相应笔算更简单一些的。

3. 教学方法在变

教学方法上的改变是最明显、最突出、最经常发生的,也是最复杂的,背后是教学理念的变化。简单说,"三位数乘两位数"及整个计算教学的教学方法的变化大体经历了三个阶段:①1950－2000:双基扎实的"讲授－训练"阶段;②2001－2010:算法多样的"自主探索"阶段;③2011至今:指向素养的"探索－优化"阶段。

这部分在上文中已有较为详细的论述,在此不再赘述。

以上发现为我们的教学提供了一些启示:

①注意笔算与其他计算方式的联系;

②注意处理算法多样与算法优化的关系;

③注意学生自主探索和过程教学;

④注意选择算理理解的达成手段;

⑤注意"双基"之上还有核心素养。

3 读懂教材

几年前读了《三体》,这部科幻神作立即成为笔者最爱的图书之一,以至于刷过三四遍仍有崭新的发现和体验,并全方位、源源不断地给予笔者启示和灵感。书中,三体人对付地球文明的招数是锁死地球科学的发展,他们深刻认识到:文明的发展依赖科学技术的发展,科学技术的全面发展取决于基础科学的发展,而基础科学的基础又在于对物质深层结构的探索。

以上理念可以迁移到数学学习,学好"三位数乘两位数"这一课的关键是把握其数学本质,对两、三位数的基本结构的认识越深入,则其乘法计算就越能够有效学习、事半功倍。

所以,启示再延伸到数学教学,一方面强调夯实"双基"当然是必要的,另一方面也提醒我们上好课的前提之一是做好教学内容(教材)的研究。

3.1 苏教版与北师大版教材"三位数乘两位数"比较研究

3.1.1 基于观察的教材比较

对于"三位数乘两位数"这一内容,苏教版先呈现的是月星小区的住户问题引出"三位数乘两位数"的计算问题(见图 3-1),北师大版用的是我国第一颗人造卫星绕地时间问题(见图 3-2)。可以看出两者都用了现实情境引入"三位数乘两位数"的计算问题,在延伸研究中笔者还发现我国现行七大版本(分别指人教版、北师大版、沪教版、苏教版、青岛版、西南师大版、浙教版)教材无一例外都使用了现实情境作为"三位数乘两位数"这一内容的引入。为什么都用现实情境引入呢？值得进一步研究。

图 3-1 苏教版"三位数乘两位数"的引入

图 3-2 北师大版"三位数乘两位数"的引入

引入"三位数乘两位数"的计算问题后，北师大版教材先呈现两种估算，又以学生自主探究的形式呈现出四种计算方法，分别是：对 21 不同拆分法的两种口算，分拆 114、21 这两个因数的列表口算，完整的笔算。在充分交流基础上最后聚焦笔算，重点探究笔算算法(见图 3-3)。而苏教版教材则是直接给出列好竖式框架的未完成式笔算，引导学生探索笔算三步骤后总结算法(见图 3-4)。

3 读懂教材

● 估一估，绕地球 21 圈需要多少时间？与同伴交流你的想法。

　　110×20=2200（分），比 2200 分钟多。
　　120×20=2400（分），约 2400 分钟。

● 算一算，绕地球 21 圈需要多长时间？说说你是怎么算的。

○○○=□（　）

114×20=2280
114×1=114
2280+114=2394

114×21
=114×7×3
=798×3
=2394

他们这么算，你看懂了吗？和同伴交流一下。

114×21

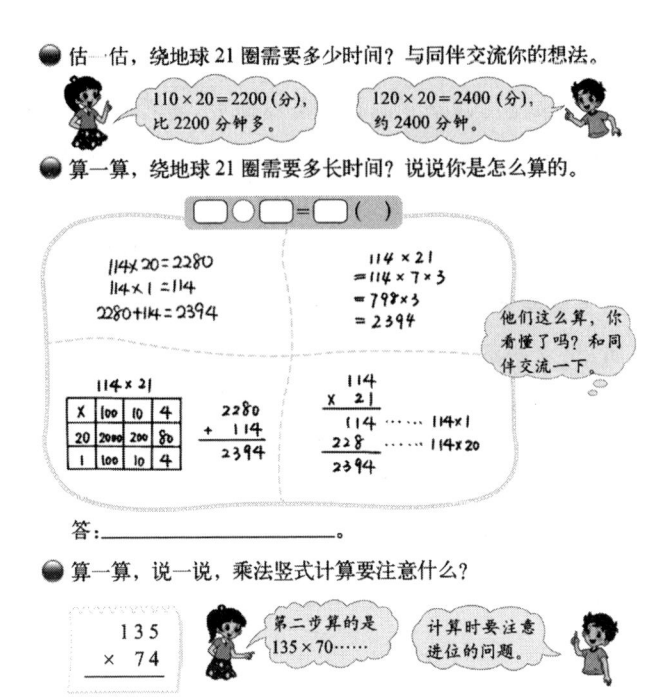

×	100	10	4
20	2000	200	80
1	100	10	4

　2280
+　114
　2394

　114
×　21
　114 …… 114×1
　228 …… 114×20
　2394

答：_____。

● 算一算，说一说，乘法竖式计算要注意什么？

　135
×　74

第二步算的是 135×70……

计算时要注意进位的问题。

图 3-3 北师大版"三位数乘两位数"的计算

你会用竖式计算吗？

　128
×　16
□□□
□□□
□□□□

答：月星小区一共住了____户。

怎样计算三位数乘两位数？

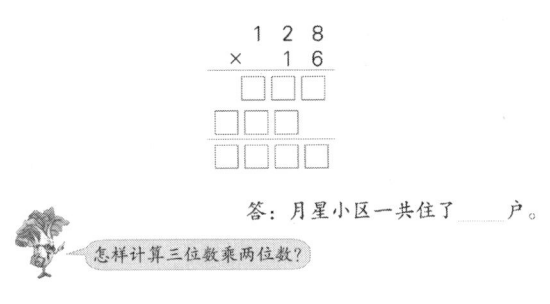

图 3-4 苏教版"三位数乘两位数"的计算

　　两相对比，针对两版教材的不同，加上一开始的情境引入问题，于是笔者发现并提出这样四个问题：①为什么都用现实情境引入？②要不要呈现算法多样化？③笔算要不要给出具体步骤？④要不要有估算？放哪儿比较好？

025

3.1.2 基于问题的教材研究

有了问题,接下来便可以基于问题做教材研究,看看能得出哪些结论。

问题一:为什么各个版本都用现实情境引入?以苏教版教材为例,呈现的是月星小区楼房住户数量的情境,这一情境是学生比较熟悉的,沟通数学与生活的联系,让学生感受数学源于生活又用于生活,同时培养学生面对现实的综合的情境主动发现问题、提出问题,进而分析问题、解决问题的能力。这只是一个方面,更重要的是,熟悉的现实情境有助于帮助学生理解算理,从而很好地掌握算法。比如128乘16,先算6幢楼住了多少户,再算10幢楼住了多少户,最后算16幢楼一共住了多少户,然后逐渐剥离情境的外壳,抽象成先算6个128是多少,再算10个128是多少,最后16个128一共是多少。这样的情境其实是充当了学生理解算理掌握算法的拐杖,这也是情境在计算教学中的独特价值;同时,也体现了数学是对现实问题的抽象这一特点,即水平数学化。

问题二:要不要呈现算法多样化?先看苏教版,没有呈现多样算法,直接笔算。其优点是:问题聚焦,即可以集中精力解决核心问题,在笔算算法探究中理解算理,完成两位数乘两位数笔算知识的迁移,如此处理,教学效率高,学生笔算技能掌握好。其缺点是:在一定程度上,压缩了学生自主探究的空间,掏空了学生自主思考的土壤,限制了学生自由生长的可能性,剥夺了学生自主发现的乐趣,影响了学生深刻理解算理的深度,错过在自主探究的"慢"过程中积累数学经验、感悟数学思想、生成终身受益的智慧。

再看北师大版,呈现了多样算法,先放后收。这样做的缺点是:费时较长,课堂生成较多,不易掌控。优点是:放慢过程——益于学生的体验、思考和感悟,彼此的交流促进思维的发展;放手探究——凸显学生学习的自主性积极性创造性,富有个性化的算法是学生真实学习的成果;如此教学,有利于学生深刻理解和深度学习,有利于他们沟通不同算法之间的联系。

通过比较,两种方式无论优缺点都很鲜明,难道就这么简单?这只是"三位数乘两位数"这一个内容的教材编排,两个版本如此不同的呈现方式背后是不是有着各自不同的更加系统的、整体的考量?

于是,笔者追溯到前面的"两位数乘两位数"。苏教版中情境引入后呈现两种算法思路,再聚焦后一种算法,写成竖式,并借助情境理解算理。北师大版仍然是以学生作品的形式呈现了三种口算算法,并聚焦后一种,以列表形式呈现,然后出现竖式笔算。无论是口算还是笔算,北师大版这一内容有个显著的特点就是引入点阵图,利用数形结合引导学生直观形象地理解算理。两相比较,两版教材的编排特色与"三位数乘两位数"大体一致。

于是,笔者试图总结两版教材"三位数乘两位数"编写理念上的差异(见表3-1)。

表3-1 苏教版与北师大版"三位数乘两位数"编写理念分析表

呈现方式	直接呈现式	先放后收式
代表版本	苏教版	北师大版
编写理念	现实情境,算理理解,算法掌握。	
	注重效率,注重算法的程式化最优化,更聚焦——时间少见效快方法优,即便学生不理解也不影响技能掌握,只需掌握程序即可。	注重算法的探究,注重算理的深入理解,注重思维的过程,注重算法多样后的交流与优化,即便未能达到程式化的程度,也要充分探究真正理解。

以上是我们的分析,那学生更喜欢哪一种呢?为此,笔者做了问卷调查:

对象:全日制五年级学生

①使用苏教版的合肥市肥西县某小学五年级5个班266人;

②使用北师大版的六安市某小学东校区五年级4个班252人;

③使用人教版的合肥市肥西县某小学六年级3个班217人。

时间:2018年10月

问题:关于"三位数乘两位数"的两版教材,你更喜欢哪一版?为什么?请如实作答。

答:我更喜欢( ),因为:_____

表 3-2 "三位数乘两位数"教材比较研究学生问卷调查统计表

受测学生	使用苏教版的		使用北师大版的		使用人教版的	
	人数	占比	人数	占比	人数	占比
更喜欢苏教版	187	70.30%	31	12.30%	87	40.09%
更喜欢北师大版	79	29.70%	221	87.70%	130	59.91%
合计	266	100%	252	100%	217	100%

随后我们整理统计了调查数据,从统计表(见表3-2)中首先可以得出:①使用苏教版的学生更喜欢苏教版;②使用北师大版的学生更喜欢北师大版;③使用人教版的学生更喜欢北师大版。深入分析发现:既不使用北师大版又不使用苏教版的217名人教版使用学生,更喜欢北师大版和更喜欢苏教版的人数比大约是6∶4;以苏教版为母本的学生更喜欢苏教和更喜欢北师大版的人数比是7∶3;而以北师大版为母本的学生更喜欢北师大版和更喜欢苏教版的人数比是9∶1。这些数据一比较,可得出结论:学生相对更喜欢北师大版。

为什么会这样呢?需要从学生的答卷中寻找原因——

这里以使用苏教版的学生的问卷情况为例,他们更喜欢苏教版教材的原因有:①学习过,熟悉;②简洁明了,直接,高效;③色彩丰富,美观,卡通化,生活化;④留白,可探究,可发挥。他们更喜欢北师大版的原因有:①方法多样,过程详细,易懂;②富有挑战,促进思考,具探索性;③知识有联系。有少数学生的选择并非非此即彼,而是表现出一种折中状态,企图从两版教材中寻求一种更好的"理想教材"。通过问卷调查和分析,引发我们诸多思考,除了更加关注儿童对"情境""色彩""卡通人物"的天然喜爱之外,在教材内容、呈现方式诸方面也有更深入的追问:教材内容宜多还是宜少?为什么有时候我们给得越多,学生得到的反而越少?教材怎样才能成为"学材"?我们给予学生的应该是完成式的结果还是启发式的提问?……这些问题有待于我们继续研究。

问题三:笔算要不要给出具体步骤?我们看一下两版教材,可以发现三种不同的竖式呈现(见图3-5),具体分析和观点见表3-3。

图 3-5　竖式的三种呈现类型

表 3-3　竖式呈现类型分析表

序号	类型	教学	特点	观点
1	全呈现	说说分几步,每一步的算法和算理	接受—理解	1. 依据学情
2	半呈现	探究每一步的算法,说算理	路径—探究	2. 理解算理基础上掌握算法
3	不呈现	探究步骤和算法,说算理	自主—探究	3. 接受→探究

问题四:要不要估算? 放哪儿比较好? 北师大版教材和人教版、沪教版是有估算的,而且都放在笔算之前,估算的作用是有利于数感的培养,也为计算探究热身和提供动机和需求,更重要的是可以根据估算的情况来验证笔算结果。所以,估算可以要也可以不要,因为最好的估算应基于学生有自觉估算的意识,即便教材没有呈现,也会在计算或解决问题过程中自觉进行。如自觉感到得出的计算结果偏离了估算的范围,就会推翻计算,认为出错了。这是有数感的体现。估算意识和能力培养有赖于日常教学的渗透。

3.1.3 基于结论的教学启示

基于以上研究可得出以下教学启示,即两个"用好"和两个"不宜":

用好情境:①联系生活,培养"四能";②辅助理解算理,掌握算法。用好估算:①指向数感培养;②检验计算结果;③自觉估算。

算法程式化不宜过早过快:①个性化探究要充分;②互相交流要到位;③沟通联系要巧妙。算法程式化不宜"疲软":①收束时机要果断;②归纳总结要清晰;③后继练习要精当。

以上教学启示将在下一步教学设计研究中实际操作和调整。

3.2 人教版 2001 和 2012 两版教材关于乘法计算编排的比较研究

3.2.1 两个时期教材的编排情况梳理（见表 3-4 和表 3-5）

表 3-4 人教版 2001 版教材乘法计算内容的编排情况梳理表

册数	单元	教学内容	例题呈现 序号及知识点	例题呈现 情境	直观图	习题呈现 做一做、练一练、整理和复习	习题呈现 练习数及题量	备注
二上	4.表内乘法（一）	乘法的初步认识	主题图	游乐场		做一做7次8题；整理和复习2题	6个练习，42题，1个数学游戏	
			例1：引入乘法及读写法	用小棒摆图形				
			例2：乘法算式各部分名称	气球图				
			例3：乘法的简便性					
		2—6乘法口诀	例1：5的乘法口诀	用小棒摆伞形				
			例2：2的乘法口诀	计数向日葵幼苗叶片数				
			例3：3的乘法口诀	计数向日葵棵数				
			例4：4的乘法口诀	用小棒摆正方形				
			例5：乘加乘减	还剩几个玉米棒？				
			例6：解决问题	小象运木头				
			例7：6的乘法口诀	用三角形摆小鱼				

3 读懂教材

表 3-4

(续表)

册数	单元	教学内容	例题呈现 序号及知识点	例题呈现 情境	直观图	习题呈现 做一做、练一练、整理和复习	习题呈现 练习数及题量	备注
二上	6.表内乘法（二）	7—8的乘法口诀	例1:7的乘法口诀	摆七巧板		做一做2次2题，整理和复习2题和你知道吗？	6个练习，60题，1个数学游戏，1张乘法口诀表	
			例2:倍的认识	用小棒摆正方形				
			例3:求一个数的几倍是多少？	摆圆片	圆圈图			
			例4:解决问题	打扫卫生	线段图			
			例5:8的乘法口诀	鼓号队	数线			
		9的乘法口诀	例1:9的乘法口诀	赛龙舟	数线			
	看一看，摆一摆	综合实践	看一看:公交车 摆一摆：三角形、正方形、长方形、六边形、五角星、房子等 看一看：图形有几个角？……	观察公交车，用小棒摆图形量角				
三上	6.多位数乘一位数	口算乘法	主题图	游乐场		做一做2次2题	1个练习，12题	
			例1:整十（百）数乘一位数口算	旋转木马、碰碰车价钱				
			例2:多位数乘一位数估算	门票价钱				

三位数乘两位数计算教学研究

表 3-4

（续表）

册数	单元	教学内容	例题呈现			习题呈现		备注
			序号及知识点	情境	直观图	做一做、练一练、整理和复习	练习数及题量	
三上	6.多位数乘一位数	笔算乘法	例1：多位数乘一位数不进位笔算	一共有多少支彩笔？		做一做7次7题，整理和复习3题	6个练习，37题和你知道吗？	
			例2：多位数乘一位数进位笔算	买了多少本连环画？				
			例3：多位数乘一位数连续进位笔算	一共多少瓶矿泉水？				
			例4：多位数乘一位数连续进位笔算	运动场可以坐多少人？				
			例5：0的乘法	七仙女摘了多少个仙桃？				
			例6：三位数乘一位数（乘数中间有0）	老寿仙每天步行多少米？				
			例7：三位数乘一位数（乘数末尾有0）	丛书一共多少元？				
三下	5.两位数乘两位数	口算乘法	例1：整十整百数口算	邮递员送多少份报纸？		做一做2次2题	1个练习，12题	口算与笔算方法
			例2：两位数乘两位数估算	教室座位够不够350人坐？				
		笔算乘法	例1：两位数乘两位数笔算（不进位）	买书一共付多少钱？		做一做2次2题，整理和复习1个问题	3个练习，16题	口算、估算和笔算
			例2：两位数乘两位数笔算（进位）	围棋棋盘上有多少交点？				

表 3-4

（续表）

册数	单元	教学内容	例题呈现 序号及知识点	例题呈现 情境	直观图	习题呈现 做一做、练一练、整理和复习	习题呈现 练习数及题量	备注
四上	3.三位数乘两位数		主题图	各种交通工具的时速				估算、笔算和计算器验算
		口算乘法	例1：两位数乘一位数及末尾有0的三位数乘一位数口算	自行车和列车行驶路程		做一做1次1题	1个练习,8题和思考题	
		笔算乘法	例1：三位数乘两位数笔算	到北京的路程		做一做4次4题	4个练习,40题和你知道吗?	
			例2：末尾和中间有0的三位数乘两位数笔算	特快列车和普通列车行驶路程				
			例3：速度的单位,行程问题的数量关系	不同交通工具的行程问题				
			例4：因数和积的变化规律	两组纯数字式子观察发现				
			例5：三位数乘两位数估算	秋游套票价钱				

三位数乘两位数计算教学研究

表 3-4

（续表）

册数	单元	教学内容	例题呈现 序号及知识点	例题呈现 情境	直观图	习题呈现 做一做、练一练、整理和复习	习题呈现 练习数及题量	备注
五上	1.小数乘法	小数乘整数	例1：一位小数乘一位数笔算	买风筝的价钱		做一做2次3题	1个练习,14题	转化成整数乘法
			例2：两位小数乘一位数笔算					
		小数乘小数	例3：小数乘小数笔算	宣传栏玻璃面积		做一做2次2题		
			例4：总结小数乘法算法					
			例5：小数乘法验算	鸵鸟与非洲野狗速度				
		积的近似数	例6：四舍五入法取积的近似数	人和狗的嗅觉细胞个数		做一做1次1题	1个练习,14题	
		连乘、乘加、乘减	例7：小数连乘、乘加	瓷砖铺地总面积		做一做1次1题		
		整数乘法运算定律推广到小数	例8：整数的乘法运算律对小数也适用			做一做1次1题		

3 读懂教材

表 3-4

(续表)

册数	单元	教学内容	例题呈现			习题呈现		备注
			序号及知识点	情境	直观图	做一做、练一练、整理和复习	练习数及题量	
六上	2.分数乘法	分数乘法	例1:分数乘整数	人和袋鼠一步距离比较	线段图	做一做2次4题	1个练习,10题	
			例2:分数乘整数(先约分)					
			例3:分数乘分数	粉墙面积占比	长方形图(面积模型)			
			例4:分数乘分数(先约分)	蜂鸟飞行速度				
		整数运算定律推广到分数	例5:整数运算定律推广到分数			做一做1次1题	1个练习,4题	
			例6:利用运算律使计算简便					

035

>> 三位数乘两位数计算教学研究

表3-5 人教版2012版教材乘法计算内容的编排情况梳理表
(注:相比2001年版教材有变动的部分用黑体)

册数	单元	教学内容	例题呈现 序号及知识点	例题呈现 情境	几何直观	习题呈现 做一做、练一练、整理和复习	习题呈现 练习数及题量	备注
二上	4.表内乘法（一）	乘法的初步认识	主题图	游乐场		做一做6次13题；整理和复习2题	7个练习，59题，1个数学游戏和思考题和你知道吗?	体现乘法的简便性
			例1:引入乘法及读写法	小飞机、小火车、过山车坐多少人?				
			例2:乘法算式各部分名称	小熊气球图				
		2—6乘法口诀	例1:5的乘法口诀	福娃一共多少个?	点子图			
			例2:2的乘法口诀	乒乓球拍个数	点子图			
			例3:3的乘法口诀	气球数	点子图			
			例4:4的乘法口诀	汤圆个数	点子图			
			例5:乘加乘减	旋转木马坐了多少人?				
			例6:6的乘法口诀	豆荚颗数				
			例7:乘法与加法的比较	桌子张数	示意图			

036

3 读懂教材

表 3-5

(续表)

册数	单元	教学内容	例题呈现 序号及知识点	例题呈现 情境	例题呈现 几何直观	习题呈现 做一做、练一练、整理和复习	习题呈现 练习数及题量	备注
二上	6.表内乘法(二)	7—8的乘法口诀	例1:7的乘法口诀	摆七巧板		做一做5次7题和数学游戏,整理和复习1题和你知道吗?	6个练习,49题,1个数学游戏	乘法口诀表开放式放在整理和复习
			例5:乘法竖式笔算					
			例6:乘加乘加	客车座位	示意图			
			例3:解决问题	购物	示意图			
			例2:8的乘法口诀	鼓号队	数线			
		9的乘法口诀	例4:9的乘法口诀	赛龙舟	数线			
	量一量,比一比	综合实践	测量教室里及身边物体的长度,用身体尺测量……	测量活动				
三上	5.倍的认识		例1:认识倍	小兔吃的白萝卜与胡萝卜的倍数关系	做一做有圆圈图	做一做1次2题	1个练习,11题	独立成单元
			例2:求一个数是另一个数的几倍	擦桌椅的人数是扫地的几倍	示意图			
			例3:求一个数的几倍是多少	军旗象棋价格	线段图			

037

》 三位数乘两位数计算教学研究

（续表）

表 3-5

册数	单元	教学内容	例题呈现			习题呈现		备注
			序号及知识点	情境	几何直观	做一做、练一练、整理和复习	练习数及题量	
三上	6.多位数乘一位数	口算乘法	主题图	游乐场		做一做1次1题	1个练习,11题	
			例1：整十(百)数乘一位数口算	坐碰碰车价钱	小棒图			
			例2：两位数乘一位数口算	坐过山车价钱	小棒图			
		笔算乘法	例1：多位数乘一位数不进位笔算	一共有多少支彩笔？		做一做8次12题,整理和复习2题和思考题	3个练习,40题	
			例2：多位数乘一位数进位笔算	买了多少本连环画？	小棒图			
			例3：多位数乘一位数连续进位笔算	一共多少瓶矿泉水？				
			例4：0的乘法	小猴吃桃				
			例5：三位数乘一位数(乘数中间有0)	运动场座位				
			例6：三位数乘一位数(乘数末尾有0)	丛书一共多少元？				
			例7：多位数乘一位数估算(解决问题)	买门票				
			例8：乘除混合运算(解决问题)	买碗	示意图			
			例9：乘除法混合运算(解决问题)	买碗	线段图			

表 3-5

(续表)

册数	单元	教学内容	例题呈现 序号及知识点	情境	几何直观	习题呈现 做一做、练一练、整理和复习	练习数及题量	备注
三下	5.两位数乘两位数	口算乘法	例1：两位数和末尾为0的三位数乘一位数口算	草莓有多少盒？	方块图	做一做2次2题	1个练习,12题	出现了竖式笔算
			例2：整十整百数口算	橙子苹果有多少个？	排列整齐的物品			
		笔算乘法	例1：两位数乘两位数笔算(不进位)	买书一共多少本？	点阵图	做一做3次3题,整理和复习2题	4个练习,41题	口算与笔算方法
			例2：两位数乘两位数笔算(进位)	午餐配奶多少盒？				估算和笔算
			例3：连乘(解决问题)	保温壶价钱				综合算式
			例4：连除、乘除(解决问题)	集体舞每组人数				

三位数乘两位数计算教学研究

(续表)

表 3-5

册数	单元	教学内容	例题呈现 序号及知识点	例题呈现 情境	几何直观	习题呈现 做一做、练一练、整理和复习	习题呈现 练习数及题量	备注
四上	3.三位数乘两位数	笔算乘法	例1：三位数乘两位数笔算	到北京的路程		做一做5次9题和你知道吗？	2个练习,22题	估算、笔算和计算器验算
			例2：末尾和中间有0的三位数乘两位数笔算	特快列车和普通列车行驶路程				
			例4：单价、数量和总价的数量关系	买篮球和带鱼的总价问题				
			例3：因数和积的变化规律	两组纯数字式子观察发现				
			例5：速度、时间和路程的数量关系	汽车和自行车行驶路程				

表 3-5

(续表)

册数	单元	教学内容	例题呈现 序号及知识点	例题呈现 情境	几何直观	习题呈现 做一做、练一练、整理和复习	习题呈现 练习数及题量	备注
五上	1.小数乘法	小数乘整数	例1：一位小数乘一位数笔算	买风筝的价钱		做一做 2次4题	2个练习,19题和思考题	转化成整数乘法
			例2：两位小数乘一位数笔算					
		小数乘小数	例3：小数乘小数笔算	宣传栏玻璃面积		做一做 3次4题		
			例4：总结小数乘法算法					
			例5：小数乘法验算	鸵鸟与非洲野狗速度				
		积的近似数	例6：四舍五入法取积的近似数	人和狗的嗅觉细胞个数		做一做 2次4题		
		整数乘法运算定律推广到小数	例7：整数的乘法运算律对小数也适用			做一做 1次2题	2个练习,20题	
		解决问题	例8：小数乘法估算（解决问题）	购物				
			例9：小数乘加乘减（解决问题）	出租车计费				

>> 三位数乘两位数计算教学研究

表 3-5

(续表)

册数	单元	教学内容	例题呈现 序号及知识点	例题呈现 情境	几何直观	习题呈现 做一做、练一练、整理和复习	习题呈现 练习数及题量	备注
六上	2.分数乘法	分数乘法	例1:分数乘整数	分蛋糕	圆形图	做一做5次10题	1个练习,13题	包括约分
			例2:整数乘分数	水的体积	示意图			
			例3:分数乘分数	土地面积	长方形图(面积模型)			
			例4:分数乘分数、整数(先约分)	动物游泳速度				
			例5:小数乘分数	松鼠的尾巴多长?				
		整数运算定律推广到分数	例6:整数运算定律推广到分数	做画框需要多长木条?		做一做3次4题和你知道吗?整理和复习3题	3个练习,29题	综合算式
			例7:利用运算律使计算简便解决问题					
		解决问题	例8:分数连乘(解决问题)	土地面积	长方形图			
			例9:分数乘加乘减(解决问题)	心跳次数	线段图			

042

3.2.2 两个时期教材编排情况比较

比较两个时期的教材,笔者首先梳理出各册内容的编排变化情况(见表3-6)。

表3-6 人教2012版教材对比2001版教材有关乘法内容编排变化情况统计表

册数	教学内容	2012版对比2001版教材编排的变化情况
二上	表内乘法(一)(二)	1.情境变化:操作情境→生活情境; 2.增加了点子图、示意图等数形结合、几何直观的应用内容; 3.增加了练习的习题数量; 4.删去"倍的认识"和"体现乘法的简便性"的例题,增加"笔算竖式""乘加乘减"的例题,与乘法相关的综合实践"看一看,摆一摆"改为无关的"量一量,比一比"。
三上	多位数乘一位数	1."倍的认识"独立成一个单元; 2.增加了数形结合、几何直观的应用内容; 3.增加了应用数学解决实际问题的内容; 4.情境变化:更贴近学生生活实际; 5.多位数乘一位数连续进位笔算2个例题减少为1个。
三下	两位数乘两位数	1.增加了笔算练习题量; 2.增加了数形结合应用; 3.增加了应用数学解决实际问题的内容; 4.情境有些变动。
四上	三位数乘两位数	1.删去了主题图(交通工具时速)和口算小节以及估算例题; 2.情境有变动,有的去除了情境直接算式呈现; 3.除路程问题外增加了总价问题的数量关系。
五上	小数乘法	增加了应用数学解决实际问题的内容。
六上	分数乘法	1.增加了"整数乘分数""小数乘分数"例题; 2.增加了数形结合应用; 3.增加了应用数学解决实际问题的内容。

综合以上变化,可以发现关于乘法计算最新版人教教材在编排上主要有以下特点:

1.重视情境(联系生活)和直观图(数形结合)在计算教学中的重要作用

>> 三位数乘两位数计算教学研究

作为首版新课改教材,人教2001版数学十分重视计算教学中情境的作用,至于情境在计算教学中的具体作用本书"北师大版与苏教版三位数乘两位数教材比较研究"一节已经提及,即:①联系生活,体现从生活问题到数学问题的抽象,是一种水平数学化;②辅助学生探索算法理解算理;③体现数学的应用性,计算可以解决生活中的实际问题等。人教2012版数学延续了这一特点,继续引导学生在情境中学习计算。

在辅助探索算法理解算理方面,除了情境,直观图也具有重要作用,且更加直观和简洁。人教2012版教材明显加大了直观图的应用力度(见表3-7),开始重视利用数形结合思想方法帮助学生直观地理解计算的算理,也辅助学生探索计算的方法。

表3-7 人教2001版和2012版教材例题中情境与直观图使用情况统计表

版本	例题总数	用情境的例题数(占比)	用直观图的例题数(占比)	情境和直观图都用的例题数(占比)	备注
2001人教版	49	43(87.76%)	6(12.24%)	6(12.24%)	有的情境图具有直观图的特点和作用,没有计入直观图之列。
2012人教版	58	52(89.66%)	24(41.38%)	24(41.38%)	

那么直观图到底在乘法计算教学中扮演着怎样的角色呢?让我们具体来看一看。

首先,直观图表征乘法的意义和学生的思维。如图3-6、3-8所示,图3-6这幅情境图也具有直观图的效果,清楚地表征了5×3(3×5)可以表示3个5一共是多少的乘法意义;图3-8则清楚地表达了$\frac{2}{9}×3$的意义,即求3个$\frac{2}{9}$是多少。只有计算的意义清楚了,才可以进而探索算法和理解算理,完成计算的学习。再比如图3-7,点阵图中点子总数就是14×12的乘法意义,表示12个14或14个12是多少;不仅如此,图3-7还可以通过学生的圈画等活动表征出学生对这一乘法计算的思考过程:①12里有3个4,先算4个14是

56,再算 3 个 56 是 168;②12 可以分成 10 和 2,先算 10 个 14 是 140,再算 2 个 14 是 28,一共 12 个 14 就是 140+28=168……不同的学生会有不同的思考,点阵图为学生表征个性化思维提供了方便,而这些各不相同的思维之间的交流和优化,又是学习真正得以发生的基础,即缘学而教。

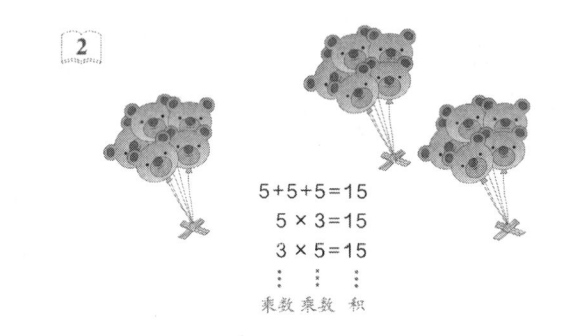

图 3-6 "乘法"情境直观图

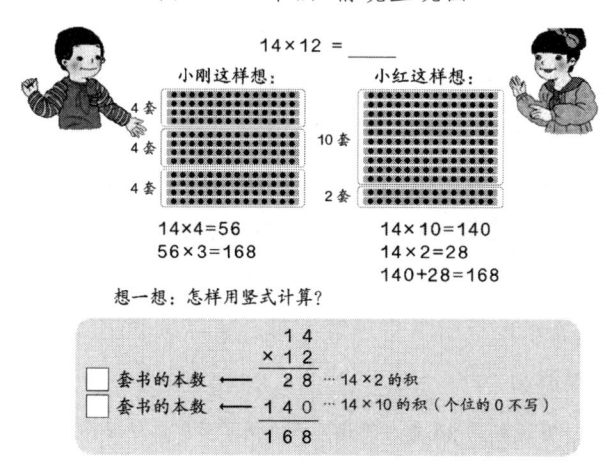

图 3-7 "乘法"点阵直观图

教材在呈现学生算法时只能选取典型的几个,无法"尽兴",也没有显示"交流和优化"的部分,教材的这些局限性需要教师通过更加开放的教学设计来弥补。

其次,直观图帮助学生探索乘法的算法。图 3-7 中学生对点阵图的圈画就是在探索算法,而且是个性化算法、多样算法,在此基础上进行算法优化,最后聚焦笔算算法。再如图 3-8,计算乘以 3 时,3 个就是 2×3 个。

>> 三位数乘两位数计算教学研究

1 小新、爸爸、妈妈一起吃一个蛋糕，每人吃 $\frac{2}{9}$ 个，3人一共吃多少个？

? 个

$\frac{2}{9}+\frac{2}{9}+\frac{2}{9}=\frac{6}{9}=\frac{2}{3}$（个）。

3个 $\frac{2}{9}$ 相加，用乘法表示就是 $\frac{2}{9}×3$ 或 $3×\frac{2}{9}$。

$\frac{2}{9}×3=\frac{2}{9}+\frac{2}{9}+\frac{2}{9}=\frac{2+2+2}{9}=\frac{2×3}{9}=\frac{6}{9}=\frac{2}{3}$（个）

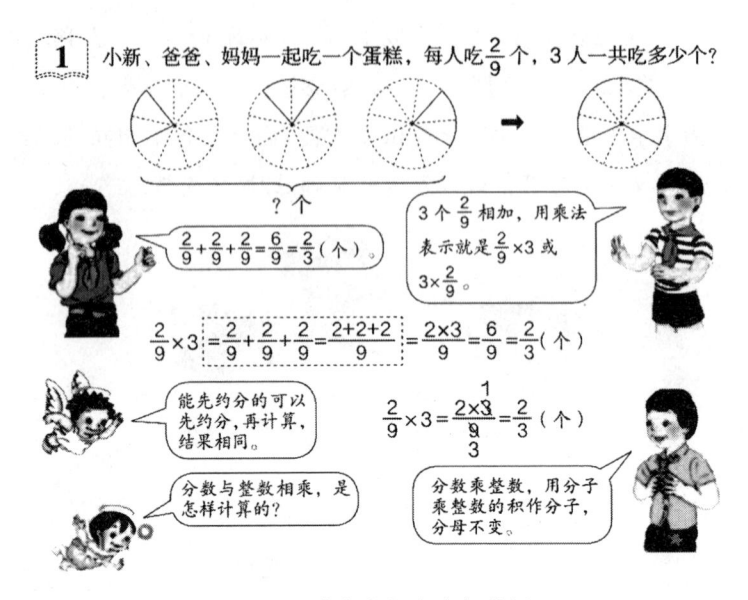

能先约分的可以先约分，再计算，结果相同。

$\frac{2}{9}×3=\frac{2×\overset{1}{3}}{\underset{3}{9}}=\frac{2}{3}$（个）

分数与整数相乘，是怎样计算的？

分数乘整数，用分子乘整数的积作分子，分母不变。

图 3-8 "乘法"图形直观图

再次，直观图帮助学生理解乘法的算理。图 3-6—3-8 都有帮助学生理解算理的作用，不再赘述。现重点看一下图 3-9，小棒图辅助理解 16×3 的算理：把 16 分成 10 和 6，即 1 捆和 6 根；先算 6×3，3 个 6 根是多少，6×3＝18，将 10 根捆成 1 捆，还剩 8 根；再算 10×3，3 个 1 捆是 3 捆，即 10×3＝30；3 捆加上 1 捆一共 4 捆，还有 8 根，一共是 4 捆 8 根，即 30＋18＝48。极具操作性的小棒图能很好地帮助学生理解算理。实际教学中可以组织摆一摆、说一说、写一写等活动。

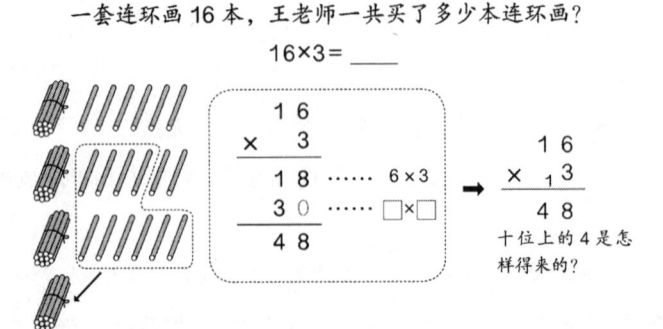

一套连环画16本，王老师一共买了多少本连环画？

16×3＝____

```
    1 6
  ×   3
  ─────
    1 8  ······ 6×3
    3 0  ······ □×□
  ─────
    4 8
```

```
    1 6
  ×  ₁3
  ─────
    4 8
```

十位上的4是怎样得来的？

图 3-9 "乘法"小棒直观图

最后,直观图帮助学生完成数学抽象。我们知道,情境的运用可以体现数学对生活问题的抽象,即数学来源于生活、来源于现实世界;但是,需要特别注意的是,数学问题并不等同于生活问题,数学并不等同于生活和现实世界,而是对后者的抽象。从具体的特殊的情境到抽象的一般的数学,需要有个过程,学生需要经历这个抽象的过程。直观图就可以引导学生完成这样的数学抽象过程,在"实物——图示——符号"的渐进过程中充当必要的过渡物、过渡手段或过渡环节。如图3-9,"3套连环画有多少本?"是现实问题;16×3计算是数学抽象,包括算式和算法等;而小棒图就是两者之间的一种过渡,可以帮助学生从现实世界中抽象出数学知识(规律)。所以,在一定意义上说,直观图就是学生达成数学化的一种脚手架、一种拐杖、一种桥梁。

2.突出计算教学"算用结合"原则

前面所提及的计算教学普遍使用情境就是"算用结合"原则的具体体现之一,除此之外还体现在以下两个方面:

①专设"问题解决"例题。人教2012版数学教材在乘法计算单元中新增9个"问题解决"例题,这些例题均按照"阅读与理解—分析与解答—回顾与反思"三环节设计(如图3-10),重在培养学生理解力、推理能力以及反思习惯与能力,更是着重培养学生分析问题、解决问题的能力,加上情境引入中的发现问题、提出问题,学生的"四能"得以很好地发展。有的教师在教学"问题解决"时并不是"全景式"呈现问题,而是先呈现问题情境,引导学生发现和提出问题,再进入分析解答环节。计算教学"学用结合"的编写特点避免了单纯计算的枯燥乏味,增强了计算的趣味性和应用性,能使学生体会其价值;有了"回顾与反思"环节,"问题解决"超越了简单的"应用题",能够引导学生寻找个案背后的普遍规律或解决问题的策略,离数学的本质更近,不再是"刷题"。

>> 三位数乘两位数计算教学研究

超市一周卖出5箱保温壶，每个保温壶卖45元。一共卖了多少钱？

阅读与理解

知道每箱有多少个，还知道……

要求5箱保温壶卖了多少钱。

分析与解答

可以先求一箱卖多少钱，再……

也可以先求5箱共有多少个。

（1）每箱卖了多少钱？
　　45×12=540（元）

（1）5箱共有多少个保温壶？
　　12×5=60（个）

（2）一共卖了多少钱？
　　＿＿＿＿＿＿＿＿

（2）一共卖了多少钱？
　　＿＿＿＿＿＿＿＿

你会列综合算式吗？

45×12×5=＿＿＿＿

12×5×45=＿＿＿＿

回顾与反思

知道数量和每个保温壶的价钱，就可以求出总钱数。

两种方法都得到卖了＿＿＿＿钱。

答：一共卖了＿＿＿＿元钱。

图 3-10 "问题解决"例题

②"问题解决"习题约占练习题数量的"半壁江山"。这一点无论在 2001 版还是在 2014 版（注：2012 年开始陆续出版全套，所以也有 2013、2014 等版）教材中都有体现（见表 3-8）。在这么多数量的"问题解决"中学生算用结合、以用促算，最终达成计算和问题解决等诸多能力的全面提升。

表 3-8　人教 2001 版与 2014 版教材整数乘法单元"问题解决"习题情况统计表

册数	教学内容	版本	练习序号	总题量	问题解决题量	问题解决题占比
三上	多位数乘一位数（倍的认识）	2001 版	练习十五	12	8	66.67%
			练习十六	4	2	50%
			练习十七	4	3	75%
			练习十八	13	7	53.85%
			练习十九	4	2	50%
			练习二十	8	3	37.50%
			练习二十一	4	1	25%
			小计	49	26	53.06%
		2014 版	练习十一	11	11	100%
			练习十二	11	6	54.55%
			练习十三	15	9	60%
			练习十四	12	5	41.67%
			练习十五	13	10	76.92%
			练习十六	5	2	40%
			小计	56	32	57.14%
三下	两位数乘两位数	2001 版	练习十四	12	6	50%
			练习十五	4	2	50%
			练习十六	8	4	50%
			练习十七	4	2	50%
			小计	28	14	50%
		2014 版	练习九	12	7	58.33%
			练习十	9	6	66.67%
			练习十一	10	5	50%
			练习十二	17	15	88.24%
			小计	48	33	68.75%

表 3-8

(续表)

册数	教学内容	版本	练习序号	总题量	问题解决题量	问题解决题占比
四上	三位数乘两位数	2001版	练习六	8	4	50%
			练习七	13	7	53.85%
			练习八	10	6	60%
			小计	31	17	54.84%
		2014版	练习八	12	6	50%
			练习九	10	5	50%
			小计	22	11	50%
总计				230	133	57.83%

3.重视乘法计算技能的培养

计算教学至少有三个关注点，分别是算法、算理和计算技能；相对应的教学目标一般会有：算法清楚，算理明白，技能熟练。前两个教学目标达成，学生便"懂了"，但不一定"会了"，从"懂了"到"会了"，也就是说从"理解"到"掌握"还有一段路，得有必要的练习。

人教 2012 版数学教材除了每个例题后一般都配有相应"做一做"及时练习以达到反馈巩固等目的之外，还编排有相当数量的练习，一个练习少则几道题，多至十几道题，这些练习可以帮助学生在训练中形成计算技能和提升其他数学能力和素养。此版教材较 2001 版有"增加练习量"的变化趋势，可能是纠正课改初期对计算技能的培养重视不够的偏差；而相对于课改前过分注重计算技能训练，轻视算法的自主探究和算理的理解的情况来说，2012版教材无疑是在总结两方面经验教训基础上做一些"中庸"的融合的努力。

3.3 台湾康轩版"三位数乘两位数"教材编排特色分析

台湾康轩版小学数学教材具有诸多特色，下面就以其"三位数乘两位数"教材编排情况谈一谈。

3.3.1 情境的运用

台湾康轩版数学教材中的计算多以问题情境引出，这种注重运用情境、

3 读懂教材

注重算用结合的情况与大陆新课改后诸版本教材如出一辙。更深入地看，两者存在如下相同点：

1. 情境贴近学生生活，学生熟悉且容易理解。从图 3-11 中例 1、例 6 的游乐园票价、观众数到图 3-11 中例 3、例 4 的爆米花、果汁的质量和价钱，再到校外教学费用及工资问题、动物明信片价钱、动物园票价等，都是学生习见的，首先在情感上易于学生亲近和接受。

1. 遊樂園的學生票一張200元，全票一張329元。

(1) 買2張學生票要付多少元？買20張呢？

(2) 買3張全票要付多少元？買30張呢？

6. 遊樂園的立體電影院一個場次可以容納130人，一星期有35場，總共有多少人可以看立體電影？

3. 一盒爆米花重236公克，28盒共重多少公克？

236×28＝(6608)

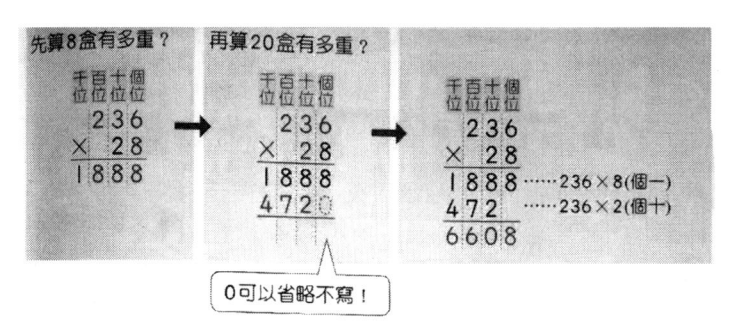

先算8盒有多重？	再算20盒有多重？	
千百十個 位位位位 　2 3 6 ×　 2 8 ───── 1 8 8 8	千百十個 位位位位 　2 3 6 ×　 2 8 ───── 1 8 8 8 4 7 2 0	千百十個 位位位位 　2 3 6 ×　 2 8 ───── 1 8 8 8……236×8(個一) 4 7 2　……236×2(個十) 6 6 0 8

0可以省略不寫！

答：共重6608公克

4. 一箱果汁418元，超商賣出25箱，共收入多少元？

418元

图 3-11　台湾康轩版"三位数乘以两位数"部分教材内容

2.情境辅助理解算理。以图 3-11 中例 3 来说,由"28 盒共重多少公克?"引出 236×28 的乘法,再用情境"先算 8 盒有多重?""再算 20 盒有多重?"来帮助学生理解"先算 8 个 236,再算 20 个 236"的算理。

3.情境体现数学抽象。由具体的个别的现实问题到抽象的一般的数学问题,教材总是在引导学生的数学学习经历这样的水平数学化过程。

4.情境体现"四能"培养。学生在情境中发现问题、提出问题进而分析问题、解决问题,这其实还依赖于教师的实际教学,涉及情境怎么用的问题。

在研究过程中笔者注意到,在具体例题的情境编排上两岸的教材差别不大,一旦将视角放大,看整个单元、整册和整套教材,就会发现台湾康轩版教材有个鲜明的特点:情境的系统性。

每册教材的情境有主题。各册教材每一单元前都有类似主题图的情境,各单元的主题图情境紧紧围绕整册的情境大主题系列呈现,具有鲜明的特色和系统性。

年级不同,情境的设置特色不同。一二年级四册教材各单元以单幅图形式呈现的是童话、神话或侦探故事情境;三年级两册各单元以连环画形式呈现极富地方特色的台湾省内风光人事;四年级两册则将目光投向台湾省以外各地,各单元以各地风土人情作为情境;五年级两册用科普连环漫画的形式,每个单元给的是数学史故事或生活中的数学故事情境;到了六年级,不再呈现漫画情境,代之以与单元内容相关的数学阅读材料。整套教材的情境设置在各册保持统一性的基础上根据学生年龄特点作出了相应的变化,具有适应性和发展性。每册教材的情境有主题。

3.3.2 数形结合的运用

台湾康轩版教学四上第二单元整数的乘法第 3 小节这部分教材除了例 4 和例 5 呈现情境图之外,没有出现任何图示;且例 4 和例 5 的情境图不具有"数形结合"特征,只是营造情境氛围。这一点与大陆诸版本的编排如出一辙。无独有偶,台湾康轩版也在之前的整数乘法计算教材中大量运用数形结合思想方法,呈现方格图、线段图、示意图及实物图等辅助学生学习。如此编排的背后反映出台湾此版教材与大陆诸版教材一样都非常重视数形

3 读懂教材

结合的运用,都注重引导学生经历由具象逐渐过渡到抽象的过程。

在乘法计算中引入方格图(见图 3-12)、线段图(见图 3-13)和实物图(见图 3-14)的情况在大陆教材也很常见,不再赘述;台湾康轩版教材这方面独特的做法是大量引入半抽象的示意图(见图 3-15)。

图 3-12　台湾康轩版"乘法"方格图　　图 3-13　台湾康轩版"乘法"线段图

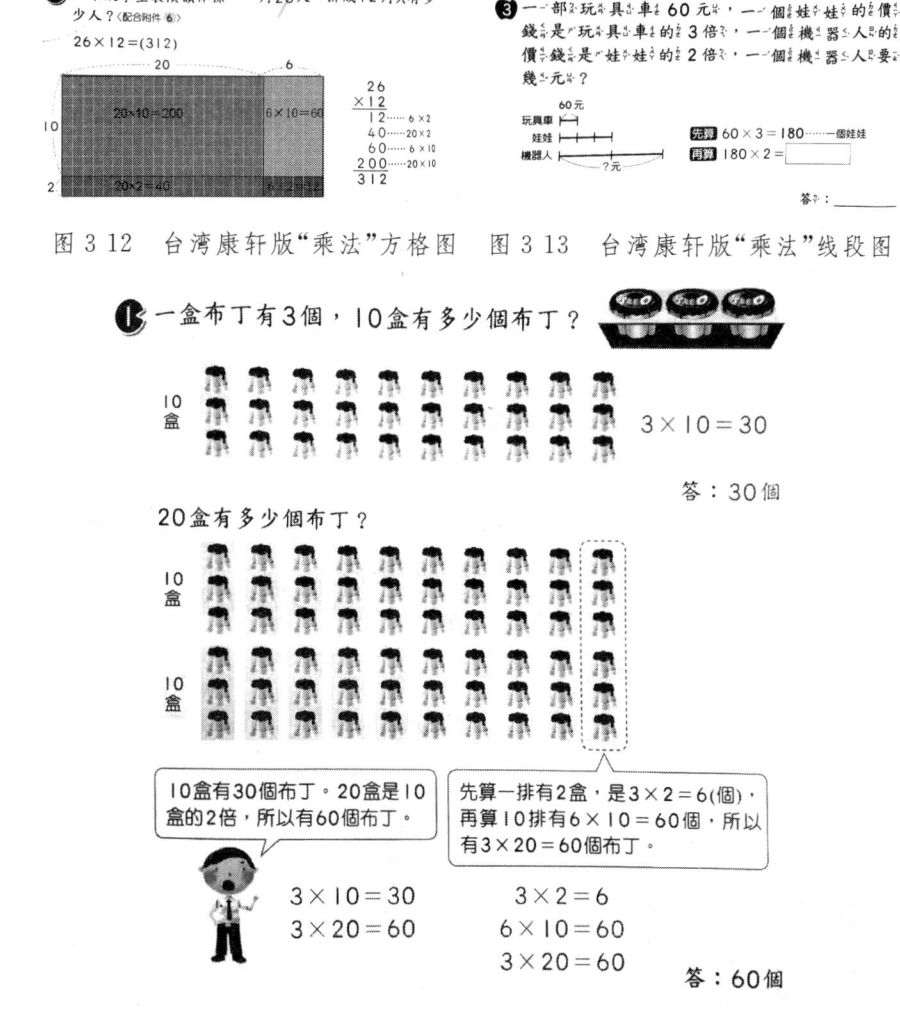

图 3-14　台湾康轩版"乘法"实物图

图 3-15 这样的示意图与其他图示相比较,最大的优势是,它紧密贴合计算算理,直指计算的本质,即十进制计数法则。"满十进一"既是计算法则,也是计数法则;计算法则根植于计数法则——正因为我们使用的是十进位值制计数法,计数时需要满十进一,所以我们计算时也要满十进一。

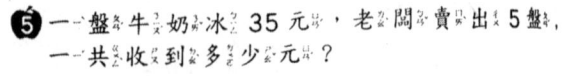

图 3-15　台湾康轩版"乘法"示意图

另外,这样的示意图其实介于实物图和竖式符号之间,具有半抽象的特点,相当于在形象的实物与抽象的符号之间架起一座桥梁,帮助学生完成对算理的深度理解和算法的归纳抽象。

这种示意图也有不足,当两个因数都比较大时就不太适合,比如三位数乘两位数或两位数乘两位数这种计算图 3-15 中画的图就会非常麻烦;改用方格图(面积模型图)或者点阵图就方便多了(如图 3-16)。

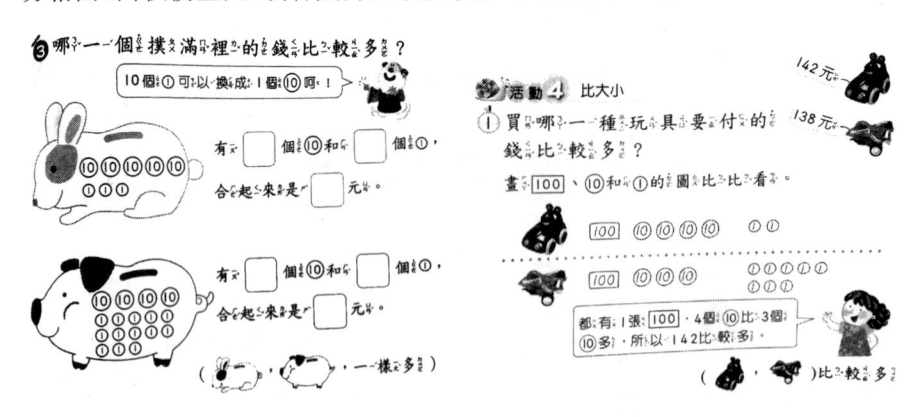

图 3-16　台湾康轩版"钱币"示意图

值得注意的是台湾康轩版教材引入此种示意图的契机选择问题,第一次引入是在一下第 5 单元认识钱币的第 2 节的例 3(见图 3-16 中的左图)。由钱币引入是个很巧妙的安排,台币的硬币币值有 10 元和 1 元,从圆形硬币过渡到"⑩""①"这样的图形符号,学生接受起来比较容易,而且台币相邻单位之间的进率也是十,这些都为下一步运用于计算做好了铺垫。有意思的是,台币硬币币值没有 100 元的,纸币币值有 100 元的,所以教材便用与纸币类似的矩形符号表示 100(见图 3-16 中的右图:二上第 1 单元 200 以内的数第 4 节例 1)。

第二次引入是在一下第 8 单元二位数的加减的第 1 节。例 3 是用于两位数不进位加法,情境是钱的计算;例 4 是两位数进位加法,情境不再是算钱,过渡到算人数。这种示意图表征计算的前提是先表征数(画数),而之前画钱的方法可以迁移到画数,其实画钱就是画数,从而令此处的画计算水到渠成。

接下来,同样的示意图被广泛地用来描述计算,涉及加减法和乘法。

3.3.3 知识编排的次序

台湾地区与大陆在整数乘法计算的知识编排上既有相同点也有不同点,下面以台湾康轩版和大陆人教版为例做简要比较(见表 3-9)。

表 3-9 台湾康轩版与大陆人教版教材关于整数乘法的知识编排情况统计表

学期	版本		备注
	康轩版	人教版	
二上	7. 几的几倍; 8. 2、4、5、8 的乘法; 10. 3、6、7、9 的乘法	4. 表内乘法(一):乘法初步认识,2—6 乘法口诀; 6. 表内乘法(二):7—8 乘法口诀,9 的乘法口诀	
二下	6. 乘法:10、1、0 的乘法,乘法关系、直式、乘加乘减		
三上	4. 乘法:二位数乘以一位数,三位数乘以一位数,连乘	5. 倍的认识; 6. 多位数乘一位数:口算乘法,笔算乘法	
三下	8. 乘法与除法:乘与除关系等	5. 两位数乘两位数:口算乘法,笔算乘法	

表 3-9

(续表)

学期	版本		备注
	康轩版	人教版	
四上	3.整数的乘法：四位数乘以一位数，一二位数乘以二位数，三位数乘以二位数，一二位数乘以三位数	3.三位数乘两位数：笔算乘法	
五上	1.乘法和除法：三四位数乘以三位数，末几位为0的整数乘法等		

康轩版整数乘法内容共占用 8 个单元的篇幅，涉及 6 册教材；人教版整数乘法内容共占用 6 个单元，涉及 4 册教材。整体而言，两版教材在内容编排上都遵循先易后难、由简单到复杂的规律，人教版教材整数乘法内容编排更加集中、更加整饬和简化。

之所以大陆人教版整数乘法内容能够相对更加整饬和简化地编排，很大程度上是因为大陆在新课改中取消了"被乘数"与"乘数"的区分，而是统一为"因数"。如此，台湾地区的二位数乘一位数、三位数乘以一位数、四位数乘以一位数、一位数乘以二位数、一位数乘以三位数等就可以整合为多位数乘一位数，而三位数乘以二位数和二位数乘以三位数就能整合成三位数乘两位数。另外，大陆新课改后删去了三四位数乘三位数的乘法教学，整数乘法到三位数乘两位数止。

如上原因，康轩版在三位数乘两位数的编排上将三位数乘以二位数与二位数乘以三位数分别呈现。在区分被乘数和乘数的情况下，35×527 与 527×35 不同的不仅仅是书写顺序，也是意义；所以也没有进行竖式间的比较和优化。

3.3.4 例题与练习的设计

针对三位数乘两位数教学的例题和练习设计，笔者比较了大陆人教版 2012 版教材和台湾康轩版教材(见表 3-10)。

表 3-10　康轩版与人教版关于三位数乘两位数例题和练习设计情况统计表

项目	版本		备注
	康轩版	人教版	
例题	1.三位数乘以一位数和三位数乘以整十数； 2.三位数乘以一位数与三位数乘以整十数对比； 3.三位数乘以二位数； 4.三位数乘以二位数； 5.中间有0的； 6.末尾有0的； 7.中间和末尾有0的 4.二位数乘以三位数； 5.末尾和中间有0的。	例1：三位数乘两位数笔算； 例2：末尾和中间有0的三位数乘两位数笔算； 例4：单价、数量和总价的数量关系； 例3：因数和积的变化规律； 例5：速度、时间和路程的数量关系。	
练习	"做做看"4次,11小题； "练习百分百"3大题； "数学步道"1大题。	"做一做"5次9大题;"你知道吗?" "练习"2个,22大题。	

由表3-11内容可知,台湾康轩版教材"三位数乘两位数"内容有例题至少9个,大陆人教版只有例题5个,前者数量几乎是后者的2倍。但是练习设计上康轩版教材更少,只有4大题和11小题；而人教版却多达31大题！

练习形式上,康轩版的"做做看"相当于人教版的"做一做",都是即时性反馈练习；康轩版"练习百分百"相当于人教版"练习",都属于巩固练习；康轩版独有"数学步道",类似于大陆的"综合实践活动"；人教版独有"你知道吗?",是数学阅读材料,多数是数学史知识。

3.4　北师大版教材乘法计算中点阵图的教学价值

在做"三位数乘两位数"教材对比研究中,笔者发现北师大版教材在"三位数乘两位数"之前的乘法计算教学中大量使用点阵图,因为一直在做"数学画"教学实践与研究,本人对有关数形结合的内容有着持久而浓厚的兴趣,于是便着重对北师大版教材的这一特色做了更深入的研究。

3.4.1 北师大版计算教学中点阵图的编排

首先,笔者梳理了 2014 年版北师大版小学数学教材中点阵图的编排情况,并将研究所得制成表(见表 3-11)。

表 3-11 北师大版小学数学教材中点阵图的编排情况统计表

册数	教学内容	教材呈现	主要作用	备注
一上	10 以内数的认识	用圆圈图(点子图的前身)表示数	从具体实物到抽象数字符号之间的过渡,帮助学生完成数的抽象。	
二上	表内乘法	通过在点阵图上遮盖显露、圈画等动手操作方式表示乘法算式的含义	帮助学生理解几个几的乘法概念。	
		圈画点阵图创编乘法口诀、推算乘法计算结果	帮助学生理解乘法口诀和乘法算理。	
二下	万以内数的认识	数小方块个数认识万以内的数	利用几何形体的不断积累扩充,帮助学生理解十进制计数法和大数。	
		在方格图上涂出万以内的数	利用方格的面积大小感受数的大小;小方格分与合以及涂法的多样性,契合学生思维的多样性。	
三上	一位数乘两三位数	圈画点阵图探索乘法计算方法	利用点阵图可灵活分合的特性为学生多样化、个性化算法以及理解算理提供脚手架。	
三下	两位数乘两位数			

表 3-11

(续表)

册数	教学内容	教材呈现	主要作用	备注
四上	乘法分配律	画点阵图证明（说明）乘法分配律的道理	利用之前乘法计算里乘法分配律的渗透（这也是应用点阵图的便利），学生自主画图解释（表征）乘法分配律。	
		方格图表征乘法分配律	学过面积概念后，点阵图逐渐由方格图代替，方格图将数的运算与形的面积相沟通，更能体现"数形结合"。	
四下	小数乘法	方格图表征小数乘法计算	其实表征的是整数乘法计算，再利用米与分米的转换，同时赋予方格图中小方格边长以不同的长度单位，帮助学生理解小数乘法的计算算理，也利于沟通小数乘法与整数乘法之间的联系。	
五上	小数除法	用长方形图表征小数除法计算	先表征小数，再表征小数除法计算过程，帮助学生直观地理解算理，明白小数除法与整数除法有着密切的联系，体会他们在算法和算理上的一致性。	
	倍数与因数	点阵图表征乘法，学生看图理解倍数与因数概念	倍数和因数概念是基于乘法概念的下位概念，点阵图更能让学生直观理解它们之间的关系。	
		在方格图上画小方格组成的长方形，找出一个数的因数	利用面积相同形状不同的不同长方形的长与宽，形象地辅助学生找出一个数的因数，并能在数形结合中更深刻理解倍数与因数的含义。	

>> 三位数乘两位数计算教学研究

分析表 3-11 可以得出北师大版小学数学教材利用点阵图辅助学生计算学习的几个特点：

第一，点阵图及其变式的编排集中在三个方面：数的认识、乘法计算（少量除法）、与乘法相关的规律和概念教学中

数的认识：学生初次认识数便是 10 以内的数的认识，此时教材引用了点子图的前身圆圈图，作为从实物到数字符号的抽象过渡；后来在大数的认识中，教材使用了点阵图的三维化形式即方块图，非常形象直观地表征出数的"十进制式扩大"。

乘法计算（少量除法）：点阵图正式出现于二上乘法及乘法口诀也就是表内乘法的学习中，一直延续到三下两位数乘两位数，此后便逐渐被方格图（面积模型）替代或干脆没有这样的直观"拐杖"。五上小数除法中点阵图的变式方格图是计算教学中它们的最后一次亮相。

与乘法相关的规律和概念教学：主要是四上的"乘法分配律"和五上的"倍数与因数"，此时学生已经学习过面积概念，点阵图也就逐渐过渡成方格图、长方形图等面积模型。

第二，点阵图的出现总是与动手操作学习方式相呼应

提到"图"，很多人想到的只是"看"，顶多是"画"；诚然，观察思考是一切有教学意义的"图"的标配，除此之外，北师大版数学教材中的点阵图则对应着更加丰富的学习方式，比如"遮一遮""圈一圈""画一画"等，如果教师为学生提供单页的点阵图，还可以"折一折""剪一剪""撕一撕""拼一拼"等等。一句话，点阵图呼应的不仅仅是"看"，更是"做"，背后都有"想"。

第三，点阵图的出现、演化以及消失体现着深层的教材编排意图

点阵图与儿童认知的连接：以上教材研究给笔者一个非常强烈的感触，那就是点阵图是契合儿童认知特点而编排进数学教材的。受年龄限制，儿童的认知特点呈现出很明显的直观性、形象性，并逐渐往抽象性、逻辑性过渡和发展，于是从一上开始出现圆圈图、二上出现点阵图，一直在辅助儿童理解数概念与数的计算这样的抽象知识，直到三下学习完两位数乘两位数，

四年级学生学习了面积概念后，点阵图慢慢被方格图、矩形图等面积模型所替代，以至于后来渐渐消失，比如四下三位数乘两位数的计算便不再出现点阵图或面积模型这些直观"拐杖"。

点阵图与现实世界的连接：数的概念脱胎于现实生活中实物的点数行为和计数需要，于是有"实物——圆圈图——点子图（点阵图）——数字符号"的逐步过渡抽象的教学过程。在乘法计算中，与数实物相比，点阵图的计数既不失直观又更具代表性和简洁性，起到了连接现实世界与数学世界的作用。

点阵图与三维世界的链接：点阵图或方格图有个共同的特性，即它们是二维的平面的，这与现实的三维世界有着明显的区别。所以教材没有只引入点阵图，而是同时引入了三维的方块图，这个出现在万以内数的认识教学内容里。方块图除了与三维世界紧密联系，还与十进制计数法相契合。随着面积概念的学习，点阵图让位于方格图、矩形图，后者的优势除了更能体现"数形结合"，还可以用增加一个维度的方法轻松跻身三维世界，由面积模型变身为体积模型。

点阵图在二维世界内的发展演化：教材中点阵图的出现是有层次性的，同样在二维世界，随着年级的升高，点阵图的样式也在发生着变化。一上是尚未成"阵"的圆圈图，二上开始才是真正意义上的点阵图，四上及之后演化为方格图、矩形图等面积模型。教材之所以选择点阵图（面积模型）来表征乘法，是因为点阵图的二维性与两个因数相乘的小学乘法计算相契合；如果三个因数相乘，则会与体积模型更投缘。

3.4.2 点阵图在乘法计算中的教学价值

点阵图在乘法计算教学中有以下三方面突出的作用：

1. 利用点阵图探索算法具有灵活性

因为点阵图在分合上十分灵活多样（与此对应的是数的分合的灵活多样），所以学生利用点阵图在探索乘法计算的算法时就会呈现出显著的灵活性。比如：计算12×4，学生可以有三种不同算法（见图3-17）：①12×4＝6×

4×2=24×2=48；②12×4=12×2×2=24×2=48；③12×4=(10+2)×4=10×4+2×4=40+8=48。教学中还会有更多的算法，比如：12×4=4×4×3=16×3=48，等等。

● 一共有多少只小蚂蚁？在点子图上圈一圈，算一算。

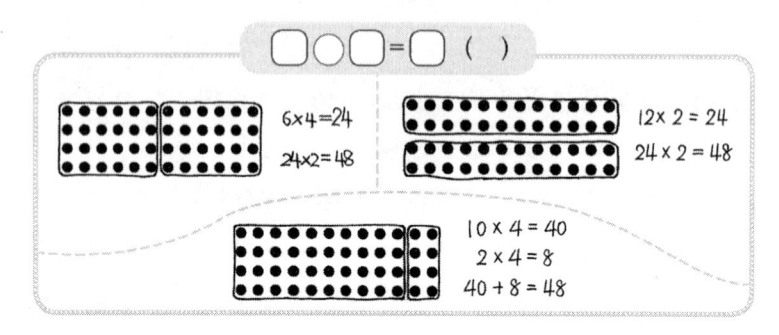

图 3-17　北师大版点阵图探索多样算法

这种算法上的灵活性与我们追求的学生思维的灵活性、个性化一脉相承，实际教学中我们总会给予学生足够的空间去自由思考、表达，允许学生从自己的实际出发探索计算的途径、总结计算的方法。

随后是十分必要的算法交流，从而引导学生在表达自己和聆听同伴的过程中反思自己的算法和学习不同的算法。这里我们必须注意到：先有独立探索再有同伴交流，先有算法比较再有算法优化，先有算法优化再有思维提升。反映在教材编排上，则是多样算法后聚焦笔算，达到程序化的算法。

2. 利用点阵图解释算理具有直观性

点阵图除了可以帮助学生探索算法，还可以帮助学生解释算理，即对已经程序化的计算进行算理上的解释。理解或解释算理的途径有很多种，比如利用现实生活情境、利用数的组成，或者利用直观图（如点阵图）。比如学习两位数乘两位数，利用点阵图理解竖式每一步的意思：先算 2 个 14 是 28，再算 10 个 14 是 140，所以 12 个 14 就是 28+140=168，十分形象直观，一目了然（如图 3-18）。

● 看一看，想一想，说一说竖式每一步的意思。

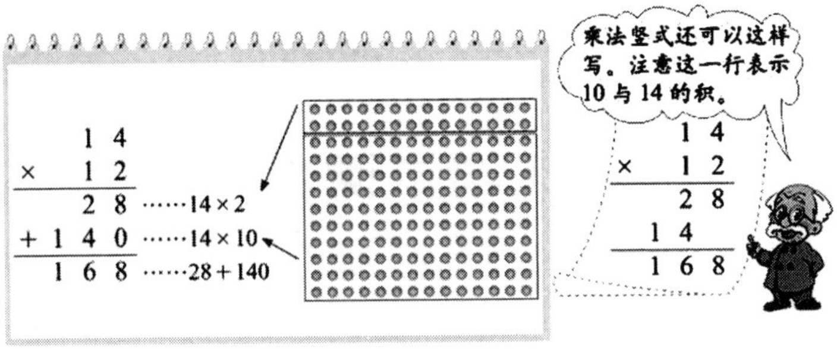

图 3-18　北师大版点阵图解释算理

对算理的解释是建立在对算法充分的探究基础上的,这个先后次序不可颠倒。学生有了充分的自主的个性化的真实的算法探究之后,再有广泛的交流比较和优化,最后聚焦笔算并利用点阵图解释笔算算理时才是自然的、水到渠成的,而不是强加的、植入的。

3.利用点阵图完成计算学习具有操作性

有人质疑:利用生活情境也可以完成计算教学中对现实问题的数学化和对算理的理解,为什么要用点阵图?这是个好问题,要回答它便会牵涉点阵图在计算教学中的诸多优势,上面已经提到的有:对现实问题的抽象(水平数学化)、数形结合的直观性(辅助理解算理)等;还有个重要的优点就是:点阵图在辅助学生计算学习时具有较强的操作性,这是情境无法达到的。

利用情境理解算理一般是怎样完成的?大多数情况下是通过唤起学生的生活经验,再通过"说算理"来达成,这样的学习方式局限在"口头"上,落实到课堂上往往会显得沉闷、乏味,远达不到教材预期的效果。而点阵图则具有"说情境"所无法达到的优势,即除了也可以"说一说"之外,一方面它是"看得见"的直观图,学生理解起来非常容易;另一方面它具有较强的操作性,学生可以直接参与到"做数学"的活动中,通过亲身的"圈一圈""画一画""遮一遮"等活动充分体验和感悟,从而更深地理解算理。

4 初试课堂

读懂教材只是上好课的前提之一,另一方面我们得读懂学生。作为有二十多年教龄的教师,笔者在日常的教学中常常会依赖经验,正所谓"备这节课只用了十五分钟"和"备这节课用了整整一生"。在开始"三位数乘两位数"第一轮课堂教学的时候,笔者自以为是了解学情的,笔者像大多数有经验的老师那样相信自己对学生很熟悉,尽管也清楚这"熟悉"只是一种模糊的感觉。

这种经验主义在日常教学实践中的"常用"和"好用"遮蔽了它的不足,第一轮课堂教学缺乏实证的学情研究,只在教材研究和设计综述后便展开,结果可想而知。

4.1 "三位数乘两位数"教学设计研究

4.1.1 文献概况

为了了解全国范围内优秀教师的"三位数乘两位数"教学设计情况,笔者做了相关文献研究。笔者从中国知网上筛选了 2000 年新课改以来发表在国内 CN 期刊上的 13 篇"三位数乘两位数"教学设计进行分析研究(见表 4-1),现将研究结果综述如下。需要着重说明的是,知网上 2000 年以来"三位数乘两位数"教学设计并不多,共搜到 21 篇,其中舍弃 1 篇估算教学、1 篇整理与复习教学、1 篇线上线下融合教学(当时并没有预见后来的疫情),另有 5 篇因各种原因无法下载,最后选取以下 13 篇教学设计作为样本。

表 4-1 "三位数乘两位数"13 篇教学设计信息统计表(知网收录)

序号	文章题目	作者	刊载期刊	发表时间	教材版本/册数	设计特色	备注
1	《巧用教学素材发展运算能力——〈三位数乘两位数〉教学设计》	谭驳	《小学教学设计：数学·科学版》	2019(26)	人教版/四上	1."乘车去北京"情境串引入与推进；2.复习两位数乘两位数和多位数乘一位数，引导学生自主计算三位数乘两位数，试错讨论中习得；3.沟通估算、口算、笔算、简算等不同计算方式之间的联系，体现计算的本质是推理；4.引入中外古代计算方法，进一步凸显笔算的本质。	
2	《瞻前顾后，为整数乘法画句号——〈三位数乘两位数〉教学设计》	张慧	《小学教学设计：数学·科学版》	2019(29)	人教版/四上	1.复习引入；2.解决问题引出新计算；3.估算判断；4.自主探究，概括算法；5.练习中比较两种算法并优化；6.引入古代欧洲算法；7.延伸至多位数乘法。	
3	《找准方向，让计算教学走向远方——"三位数乘两位数"教学设计与反思》	孙荣杰；慕振亮	《小学数学教师》	2019(09)		1.导入有新意，数学内部问题，复习引新巧妙自然；2.利用点子图复习两位数乘法，变成面积图说明新计算(图是教师给的)；3.练习中引入中间和末尾有0的，微课介绍竖式发展史；一题沟通口算、估算、笔算、简算之间的联系；4.整理建构笔算乘法的知识体系。	

» 三位数乘两位数计算教学研究

表 4-1

（续表）

序号	文章题目	作者	刊载期刊	发表时间	教材版本/册数	设计特色	备注
4	《理解运算算理 形成笔算技能——〈三位数乘两位数〉教学设计》	朱蕾	《小学教学设计》	2018(Z2)	浙教版/四上	1.情境引入估算，估算引入笔算； 2.小组探究，多样算法，沟通联系，分类小结； 3.引入"踢十法"。	
5	《在知识串联中建构生本课堂——〈三位数乘两位数〉教学设计方案》	陈晓娟	《数学大世界（上旬）》	2018(04)		1.游戏情境引入，先估算后笔算； 2.自主探究、交流讨论、纠错订正； 3.总结算法，沟通联系，延伸拓展，建立乘法计算整体构架； 4.练习巩固，发现积的位数规律。	
6	《〈三位数乘两位数的笔算乘法〉教学设计》	李春辉	《新课程（综合版）》	2018(05)		1.创设情境，先估算再笔算； 2.小组合作探索算法。	
7	《探索多样算法 发展创新思维——〈三位数乘两位数〉教学新探索》	孙腾皎	《小学教学设计》	2018(26)	浙教版	1.利用数学内部情境； 2.依旧探新，说出新处； 3.利用 $37 \times 3 = 111$ 引出新算法，即简算。	参考浙教版中"$37 \times 3 = 111$"计算模块设计

4 初试课堂

表 4-1

(续表)

序号	文章题目	作者	刊载期刊	发表时间	教材版本/册数	设计特色	备注
8	《三位数乘两位数教学设计》	张玉宝	《学生之友(小学版)》	2013(01)	苏教版/第八册	1.复习导入；2.自主探索算法；3.新旧对比,总结算法；4.突破中间有0的计算,教材内容教学扎实。	
9	《〈卫星运行时间——三位数乘两位数〉教学设计》	杨连全	《数学学习与研究(教研版)》	2009(09)	北师大版/四上	1.视频情境导入,前后呼应,应景；2.先估算；3.独立尝试计算,分享多样算法,不同口算、表格算法、笔算,可选择算法；4.比较、总结算法,联系；5.练习引入中间和末尾有0的,积不变规律。	
10	《丰富思考价值追寻高效的计算教学——〈三位数乘两位数〉教学设计及思考》	房小科	《中小学教学研究》	2012(11)	苏教版/四下	1.小区户数情境引出三位数乘一位数、两位数乘两位数和三位数乘两位数问题,复习旧的计算；2.自主计算,展评,适度练习后总结算法；3.重视练习：提升练习,估算验证；延伸讨论,通法；积的位数。	
11	《计算教学承载着怎样的教育意蕴——〈三位数乘两位数笔算〉教学设计》	王俊	《河北教育(教学版)》	2010(Z2)		1.强烈人文性：态度、积累、反思；2.谈话导入,复习铺垫；3.尝试,展评和检验时利用"知心朋友"完成学习与反思。4.练习时小组归纳错因再专项训练,扎实有效；5.课后延伸多位数乘法。	

三位数乘两位数计算教学研究

表 4-1
（续表）

序号	文章题目	作者	刊载期刊	发表时间	教材版本/册数	设计特色	备注
12	《〈三位数乘两位数笔算乘法〉教学设计》	权松爱	《考试周刊》	2011(18)	人教版/四上	1. 复习口笔算导入； 2. 解决问题尝试新的计算； 3. 两种笔算方法（交换）比较优化、小结； 4. 巩固练习，拓展到三位数乘三位数。	
13	《笔算口算化沟通口笔算之间的联系——〈三位数乘两位数〉教学设计》	杨威	《小学教学设计》	2017(23)	人教版/四上	1. 情境引入，口算解决，再尝试笔算； 2. 沟通笔算与口算的联系； 3. 回顾对比，沟通两位数乘法与三位数乘两位数的联系； 4. 练习中引入估算； 5. 积的位数规律。	

在13篇教学设计的文章中，仅2篇是2011年新课标修订之前的，另外11篇均为新课标修订之后的，其中有8篇是2014年新教材使用之后的。

4.1.2 设计分析

对以上13篇教学设计，笔者将从课堂导入、算法教学和练习设计等三个方面进行具体分析。

(一)课堂导入

笔者分析了13份教学设计的课堂导入问题，初步梳理出如下信息(见表4-2、表4-3、表4-4)。

1. 单项统计与分析

表 4-2 课堂导入情况分析表

导入类型	情境	情境＋复习	复习
篇数	3	4	6
分析	相对于单纯的情境导入，老师们更倾向于复习导入或两者融合的导入方式。		

表 4-3　涉及计算方式分析表

涉及计算方式	估算	口算	笔算	简算	多种
篇数	2	4	9	1	3
分析	设计更倾向于由笔算导入,教学指向性较强。					

表 4-4　涉及计算类型分析表

涉及计算类型	表内乘法	两位数乘一位数	三位数乘一位数	两位数乘两位数	整百数乘两位数	三位数乘两位数	多种
篇数	1	3	7	10	1	6	9
分析	多数设计由两位数乘两位数或三位数乘一位数或多种类型导入,即倾向于复习引新,利用知识的迁移完成教学。						

2.多项综合分析

在单纯的情境导入的 3 篇设计中,都是直接引出三位数乘两位数的乘法问题,其中 1 篇涉及估算、1 篇涉及口算,还有 1 篇只引出问题。

在以复习或"情境+复习"方式导入的 10 篇设计中,有 9 篇(另 1 篇涉及两位数乘两位数估算)涉及两位数乘两位数笔算,7 篇涉及三位数乘一位数的口算或笔算,还有 3 篇涉及更基础的表内乘法和两位数乘一位数、整百数乘两位数的口算。可见,绝大部分设计是引导学生以两位数乘两位数和三位数乘一位数的旧知来迁移学习三位数乘两位数,且以笔算为重点。

值得注意的是,有 1 篇设计在复习两位数乘两位数笔算时,引入了点子图,要求学生借助点子图说一说计算过程;这种数形结合思想方法的运用还延伸到该设计新的计算探究中。

(二)算法教学

1.情境的利用

对于三位数乘两位数计算,13 篇设计中只有 3 篇是纯数学问题呈现,其余 10 篇均为解决实际问题的过程中引入计算。这一设计体现了算用结合、联系生活的计算教学特点,既在现实生活情境中引入计算教学,凸显现实生活对计算的需求,也利于学生感受数学来源于生活、服务于生活,数学是现实世界的抽象。

以上只是"其一",情境在计算教学中的重要作用不止于此,它的另一作用在于可以辅助学生理解算理。那么在 13 篇设计中,情境的这一作用体现得怎么样呢?笔者研究发现,10 篇现实生活情境呈现三位数乘两位数的设计中,仅有 3 篇体现了利用情境帮助学生理解算理的设计过程和意图,另外 7 篇设计在探究算法过程中仿佛忘记是在解决原先的实际问题,对实际问题情境只字未提,一心投入抽象的数字计算。

情境辅助理解算理教学设计片段示例:

竖式笔算(全班共享算法):根据学生的介绍,教师适时板书。第一步算的是什么?(127×1,绕 1 圈的时间),第二步算的是什么?(127×20,绕 20 圈的时间)这里怎么只写 254?(0 不影响计算结果,可以不写,这里表示的是 254 个 10)最后又怎样算?(127+2540,把两个得数加起来,就是绕 21 圈的时间)

出现如上情况的原因是什么?对这些设计作何评价?笔者无法对这 13 篇设计的作者进行问卷调查,但以笔者从事小数教学二十多年的经验出发进行一番推测还是可行的。

首先,计算的引入或呈现方式问题,现实生活情境和纯数学问题都是可取的,可以根据学情、教师自身的特点以及教学环境进行取舍选择。

其次,现实生活情境呈现的计算,最好结合情境引导学生理解算理;那种引入后便弃之不用的做法太可惜,浪费了情境资源,也使教学显得肤浅。13 篇设计中高达七成的作者没有在设计中利用情境资源辅助理解算理,可能有以下几方面的原因:①认为学生经历了多位数乘一位数、两位数乘两位数等计算,已经具备一定的抽象思维能力,没有必要再利用情境来辅助算理理解。②教学设计时没有顾及这方面的生成问题,也就是设计者可能没有注意情境辅助理解算理问题,所以在设计中没有体现。这不代表设计者本身对这一作用一点没有认知,也不代表实际教学中不会出现,即现实课堂上有可能会出现情境辅助算理理解的学习生成。设计预设上的缺失在一定程度上可以反映设计者缺乏这方面的强意识,即使有所认知也是弱意识。

③对情境的作用认识不够,即只认识到上面提及的第一个作用,而没有认识到第二个作用。教学行为是受教学理念、教学思想支配的,对情境在计算教学中的作用认识上的偏差和不足就会在教学设计等教学行为上有所体现。

2.算法的迁移与联系

对于三位数乘两位数计算这一教学内容,从学生学习角度看,算法的迁移可以说是必然会发生的,学生会自主将之前学习的乘法计算知识迁移到新的计算中,最终解决计算问题。而从教师的教学角度看,算法的迁移也是必然的,13篇设计无一例外,都是引导或放手学生利用多位数乘一位数、两位数乘两位数等旧知和已有经验来探索算法,完成算法的迁移(注意:有些设计虽没有明显的迁移的引导,但学生在探究算法时必然会用到旧知向新知的迁移)。

在算法的迁移中,13篇设计中有4篇特别重视错例的教学,值得我们注意。4篇算法探究中出现错例教学的设计中,2篇的错例是教师预设的,2篇的错例设计于课堂生成。笔者还注意到,13篇设计里有6篇引导学生探究和总结笔算结果的检验方法,提到的检验方法有:末位乘积法、积的位数法、估算范围法、变换重算法等。这些设计体现了设计者以生为本的教学观,也提升了计算教学的实效。

相对于算法迁移,算法的联系虽然也被大多数设计者所重视,但情况并不像前者那样统一,出现了一些差异,需要多费一些笔墨说明清楚。

这里涉及两种算法的联系,一种是旧知(比如多位数乘一位数、两位数乘两位数的算法)与新知(三位数乘两位数、多位数乘法)的联系,一种是不同计算类型(此处指口算、估算、笔算、简算、计算器计算等)之间的联系。

先看新旧知识间的联系,其实包含了算法的迁移,又不止于此。经过细细查阅教学设计的内容,可以将13篇设计在算法联系方面的处理分为三类:第一类是没有作任何前后知识联系方面的引导,只是学习三位数乘两位数的计算,此类设计有2篇;第二类是有前行知识与三位数乘两位数计算之间联系的引导,有非常明显的知识迁移的教学环节和教学意图,此类设计有5篇;第三类是在三位数乘两位数计算与前行知识和后继知识间建立联系,全

>> 三位数乘两位数计算教学研究

面打通前后知识的内在关系,厘清来龙去脉,构建整数乘法的知识体系,此类设计有6篇。可见有较明显联系思想的设计占了近85%,这种整体的联系的教学思想有助于学生整体认识和把握数学知识,从而提高他们从较高位和整体视角反思和获取知识的能力,也有利于较灵活的认知和思维水平的发展。

再看不同计算类型之间的联系。13篇设计中只有2篇只涉及笔算一种计算,其余均以笔算为主,兼涉笔算之外的计算类型。其中,涉及笔算与口算或估算两种的有6篇,涉及笔算与口算和估算三种的有1篇,两者归成一种共7篇;涉及笔算与口算、估算、简算、计算器计算、表格计算等类型三种及以上的有4篇。

这里需要注意三点:①11篇涉及不同计算类型的设计中只有5篇有引导学生发现不同计算类型之间的联系,所占比例不到一半。②有一篇设计里引用了"踢十法"(如下所示)这样的特殊竖式计算方法,并且将其与常规的笔算方法进行并列和比较,个人认为这样是不合适的。因为常规的笔算竖式是一种记录计算过程和方法的范式,已经被数学家和大众熟悉和广泛接受;如果"踢十法"也在这样的竖式范式框架下记录呈现,实际上是改变了范式的"规则",势必造成混乱;个人建议"踢十法"用横式来记录比较好。③有2篇设计引入三位数乘两位数笔算的古代算法,是古代欧洲的笔算法和中国古代的"铺地锦"算法,也可以沟通这些古法与现代笔算方法的联系,引导学生感受它们算法本质上的一致性。

$$
\begin{array}{r}
2\ 7\ 8 \\
\times\quad 2\ 7 \\
\hline
1\ 4\ 5\ 6 \quad \text{——}208\times7 \\
4\ 1\ 6 \quad\quad \text{——}208\times20 \\
1\ 8\ 9 \quad\quad \text{——}70\times27 \\
\hline
7\ 5\ 0\ 6
\end{array}
$$

3.算法多样和优化

这里的算法指三位数乘两位数现代笔算的不同算法,其实只涉及两种,即:三位数放上面的和两位数放上面的。13篇设计中只有3篇呈现或提及两个因数在竖式中上下不同位置时的笔算方法比较,其余10篇设计均默认为大家认同三位数乘两位数的笔算一般将三位数放竖式上面计算更方便,因此在教学中没有提及这个情况,出示的笔算都是默认状态的。

那么,两种笔算方法的比较有教学必要吗?优化算法能自行"默认"吗?

个人以为,两种笔算方法是有比较的教学必要的,但比较的时机可以根据实际需要调整,不一定在算法探究环节,也不一定在新授课第一课时。之所以有教学必要,根据是学生的学习感受,只有学生亲身体验了两种方法,才有比较和优化的基础,学生才会真正认同,而不是教师直接告知或教学直接忽略过程来"默认"哪一种方法是简便的。

3篇有两种算法比较教学的设计,1篇放在新知探索环节,2篇放在练习提升环节,都是可取的。而余下10篇设计没有在第一课时提及也不是不行,还可以在以后的课时里教学;个人觉得放第一课时相对比较好,解决了为什么这样算的问题,尽早让学生知其所以然,使得计算行为更合理。

(三)练习设计

计算课的练习环节往往承担着巩固计算方法、形成计算技能、深化算理理解、提升或拓展计算能力的作用。我们常常说,"懂了"的不一定就"会了",在计算教学中,学生完成算法探究并理解了算理当然是非常重要的关键步骤,但是到此为止还不够,因为若没有及时的适当的练习,教学效果会大打折扣,学生的学习停留在"理解"层次,无法将理解的知识转化成能力,也就没有真正掌握知识。反映在行为上,就是我们常常见到的"一看就懂,一做就错",更严重的是没有真正掌握知识的学生更容易遗忘知识,即便当时他们是理解了的。

那么,是不是练习得越多越好呢?当然不是。熟能生巧,熟也能生厌、生笨,题海战术的应试练习早已被广大师生所批判和唾弃,尤其要避免重复性机械练习。课堂时间是有限的、宝贵的,计算课的练习不在多,而在精。

笔者整理了13篇教学设计中的练习,这些练习有没有做到上文所说"精"的要求呢?

首先,练习的数量上,13篇设计中练习题的数量在0—4道(这里的数量单位"道"不是指式题的小题数,而是指练习的大题数,形制类似于教科书中练习,一大题一般包括1—3道小题),总计34道题,平均每篇设计约3道题,总体而言比较适中(见表4-5)。

表4-5 教学设计中练习数量统计表

题数	0道	1道	2道	3道	4道	总计:34道
设计篇数	1篇	2篇	2篇	4篇	4篇	总计:13篇

其次,练习的内容上,大体分为三大类(见表4-6):巩固类,巩固+提升类,拓展类。巩固类练习主要是练习三位数乘两位数的笔算;巩固+提升类练习则在练习基础上兼有提升教学成效的功能,比如归纳三位数乘两位数积的位数规律、比较优化不同笔算方法、探究因数中间和末尾有0的乘法等;拓展类练习是在本节课学习内容基础上进行适当的拓展和延伸,比如尝试多位数乘法、引入古代笔算方法等。

表4-6 教学设计中练习内容分类统计表

类型	巩固类	巩固+提升类	拓展类
题数	11道	20道	3道

再次,在练习的形式上,从这13篇教学设计中的练习来看,形式比较多样;多数是独立完成再反馈的,也有小组合作完成再汇报的;题型主要有式题笔算、竖式填空、解决问题、阅读发现(微课反馈)、选择、判断、分类比较等。

综上所述,我们可以得出结论:这13篇教学设计中的练习设计基本做到了"精"的要求。具体体现在以下几个方面:

①"精"在数量适中:除了1篇设计没有单独的练习环节以外,其余12篇设计都有1—4道不等的练习题,平均每篇约有3道练习题,练习题数量比较适中。这是"精"的基础。

当然,以上"数量适中"的结论是就总体情况而言,不排除个别设计的练习部分并非如此,比如有1篇没有设计练习环节。在我们的实际教学中往往会出现练习设计相对过多的现象,应对的策略其实不难,可以作一些机动设计,即把一部分练习作为机动内容,在实际课堂上视时间多少做出相应处理,课堂练习或留作课后完成。也有可能新授课上实在没有时间做练习,正如那篇干脆没有练习环节的教学设计那样,这也不是不可以,相关练习可以顺延到下一课时进行。即便如此,练习的量仍然不宜偏多,需要教师做细致的设计和取舍;我们的练习还要教会学生举一反三的能力,做很少的题却能习得很高的本领,这才是我们数学练习的要义。

②"精"在内容精准:所有34道练习题紧扣本课教学重难点而设计,针对性较强,无效和低效练习基本没有,比如有一篇设计中先是巩固练习,相当于测查学生对本节课重点的掌握情况,紧接着根据学情对本节课难点进行专项训练。

③"精"在富有趣味:计算练习比较容易陷于枯燥乏味,需要格外注意其趣味性,练习形式多样化便是追求趣味性策略之一。从研究视野中的练习设计看,可以称得上形式多样;细究下去还会发现,形式多样之下还有设计精巧的特点。比如,有一道练习是竖式填空(如下所示),此设计旨在测查学生有无真正掌握三位数乘两位数的算法、理解其算理,发展学生的运算能力,同时也培养学生的估算意识和数感。一道小题的练习收效颇丰,不可谓不精巧,大有"四两拨千斤"之力。

$$
\begin{array}{r}
1\ 3\ 2 \\
\times\quad 2\ \square \\
\hline
1\ 0\ 5\ 6 \\
2\ 6\ 4\quad \\
\hline
3\ 6\ 9\ 6
\end{array}
$$

上面的例子其实牵涉练习追求趣味性策略之二,即练习蕴含思维之趣;相比于第一个策略侧重形式之趣,此策略更加具有实效,是内容之趣、数学之趣,因而也是深层之趣。简单说,就是练习富有思维含量,超越了外在形式的多样多彩,更多与数学本质、数学思考、数学发展相关联,也就与深度学习相关联。

4.1.3 教学启示

综合以上对本次精选的13篇教学设计的分析,笔者得出如下教学启示:

三位数乘两位数计算教学研究

1. 导入重实效

课堂不论以什么方式导入,都要注重其实际效果的达成度。无论情境导入还是复习导入,抑或两者复合式导入,"三位数乘两位数"这节课需要考虑的主要是两点:能否调动学生的学习积极性、激发他们的学习兴趣?是否有助于学生自主完成新旧知识的迁移?凡是能很好回答这两个问题的导入方式就是好的。

出于以上思考,本人比较倾向于"情境+复习"的导入方式,而且"复习"不必很明显,切忌刻意,可以是学生解决问题的过程中自然运用到相关知识。

2. 算理需表征

计算教学的重点向来是算法探究和算理理解,尤其算理理解往往成其难点。怎样有效突破算理理解的难点?此乃教学关键。以上所选13篇设计在这个关键问题上,有的利用情境辅助理解,有的舍弃情境直接说理,个别顺延前行计算教学中的点子图、面积模型辅助理解等,可以说都做了诸多努力。对于这个问题,笔者基于设计分析并结合自身教学经验有一些思考:

①算理需要引导学生表征出来。这是学生思维外显的教学需求。也是测查学生是否理解和理解到什么程度的好办法,更是训练学生思维更清晰、更有序、更深入的好手段。

②算理的表征形式需要多元化。这是尊重学生学习个性的教学需求。表征多元化一方面指不同的学生可以用不同的表征方式,这就要求教学时给予学生宽松的学习环境和较大的表达空间,允许学生自由选择表征方式;另一方面表征多元化还意味着教学中尽量引导学生在不同表征方式中相互转换,这种转换能力不仅关系其表达能力,也是学生对知识的理解和掌握程度的体现。

③算理的表征主体应该是学生。这是体现学生的学习主体地位的教学需求。不论是结合情境、利用图画还是直接说理,都应该是学生的自主行为,而不是教师在向学生讲解,也不是教师牵着学生亦步亦趋地表达。这个关键环节一定要放手给学生自主完成!是学生在利用情境或直接说每一步

计算的意义,是学生在图示与算理之间建立联系,甚至是学生自己画图说明算理。

3.算法求联通

本节课是整数乘法的"收山"之课,其教学重在沟通不同计算之间的联系,建构整数乘法计算的算法体系,即求联求通。具体体现在以下三个方面:

①算法探究在于新旧知识的自主迁移。其实整数乘法的算法到两位数乘两位数已经完备,三位数乘两位数以及后继多位数乘法都是对已知算法的迁移与推广,所以学生是可以自主完成的,教师稍加点拨即可。

这样说并非否定本节课的教学必要性,因为虽然算法已经完备,但是算法迁移和推广的经验还不完备,学生需要经历本节课这样的迁移和推广过程,从而为后继进一步迁移和推广做好学习经验上的准备。这也再次表明了本节课的教学定位和教学价值所在。

②算法总结在于打通已有算法之间的联系。基于本节课的教学定位和价值取向,算法总结时就不能局限于三位数乘两位数这一个知识点的梳理,而应该将反思的视角放大到所有已学整数乘法领域,引导学生发现知识间的联系,异中求同,通而趋同,为后面的"同则统之"建立体系做好铺垫。

③算法拓展在于构建整数乘法的算法体系。既然本课是整数乘法计算的"收山"之课,则必然需要回答一个问题:"为什么后面的教科书不再安排多位数乘法内容的学习了?"也就是:凭什么本课就可以"收山"? 课堂上需要引导学生超越三位数乘两位数计算将整数乘法拓展到多位数乘法,并发现其算法是统一的,从而在脑海建立整数乘法的算法模型,构建起整数乘法的算法体系。教学至此方完成算法上"通——同——统"的全过程,实现算法的联通。

4.练习宜精当

如上所述,本节课的练习设计需要做到如下两点:

①少而精。计算练习切忌刷题,避免熟而生厌,追求精当高效、举一反三。

②准而趣。此是"精"的要求,内容要精准,锁定教学重难点问题,不散逸、不离题;对抗枯燥乏味需讲求趣味性,形式要多样,不拘一格,富有变化和创新;趣味性还需设计精巧,别具匠心,以简御繁;趣味性更需富有思维含量,直指数学本质,深蕴数学思想,促进深度学习,令人回味无穷。

4.2 "三位数乘两位数"教学设计与思考

4.2.1 教学思考:"三位数乘两位数"的教学价值是什么

从整体编排看,整数乘法是循着"表内乘法—多位数乘一位数—两位数乘两位数—三位数乘两位数"渐次推进的,教学中笔者不禁产生疑问:乘法算法算理到两位数乘两位数已经完备了,完全可以在此基础上计算多位数乘法,三位数乘两位数的教学价值是什么?

就这个问题,笔者展开过一番调查和研究,福建泉州师范学院的苏明强教授指出:"多位数乘法到两位数乘两位数结束还不够,到三位数乘两位数就可以了,它起到承上启下的作用,往后多位数乘法只是数大小变了,算理算法都不变,但只有一次经验还不够,不足以说明是一种规律。"对乘法计算来说,表内乘法是"根",由它可以生长出多位数乘一位数、两位数乘两位数、三位数乘两位数等越来越复杂的知识。这个"知识生长"的过程既是"教学"的过程,也是"学习"的过程。因此,"教学"和"学习"的目的和内容就不仅仅只是获得知识本身,还在于获得知识的能力,即"由知达智",在"知识生长"中完成"人的成长"。

回到"三位数乘两位数"这个主题,其教学价值便是引导学生自主完成由"两位数乘两位数"向"三位数乘两位数"的计算知识和学习经验的迁移,从而在获得新的知识的同时也认识到知识间的内在联系,也就是将知识学"活",最后获得一种面对其他新情况新问题可以自由转化和灵活解决的能力和智慧,或曰数学素养。

那么,"两位数乘两位数"计算中存在哪些可供迁移的因素呢?

首先,化复杂为简单的"分而算之"的算法思想。

所有的乘法计算最终都会归结到表内乘法,不论是意义还是算法、算

4 初试课堂

理。多位数乘一位数、两位数乘两位数、三位数乘两位数等较为复杂的乘法计算,说到底,都是以分解成表内乘法来理解和计算的。在两位数乘两位数的教学中,这种"分而算之"的算法思想体现得很充分。

国内各版本教材在教学"两位数乘两位数"计算时均是依据乘法结合律或乘法分配律将之分解成已经学过的较简单乘法计算。以北师大版教材为例,对 14×12 这道乘法,教材呈现的三种算法均是"分而算之"(见图 4-1、图 4-2)。

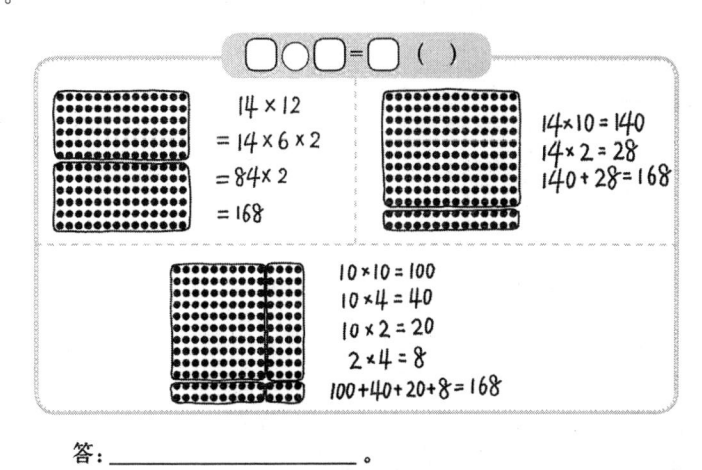

$$14 \times 12$$
$$= 14 \times 6 \times 2$$
$$= 84 \times 2$$
$$= 168$$

$$14 \times 10 = 140$$
$$14 \times 2 = 28$$
$$140 + 28 = 168$$

$$10 \times 10 = 100$$
$$10 \times 4 = 40$$
$$10 \times 2 = 20$$
$$2 \times 4 = 8$$
$$100 + 40 + 20 + 8 = 168$$

答:_____。

● 下面的方法你能看懂吗?结合点子图说一说。

$$14 \times 12$$

×	10	4
10	100	40
2	20	8

$$100 + 40 + 20 + 8 = 168$$

图 4-1 北师大版"两位数乘两位数"教材

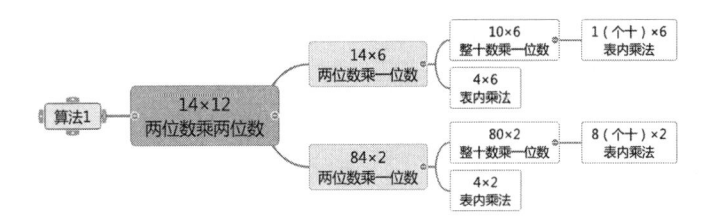

>> 三位数乘两位数计算教学研究

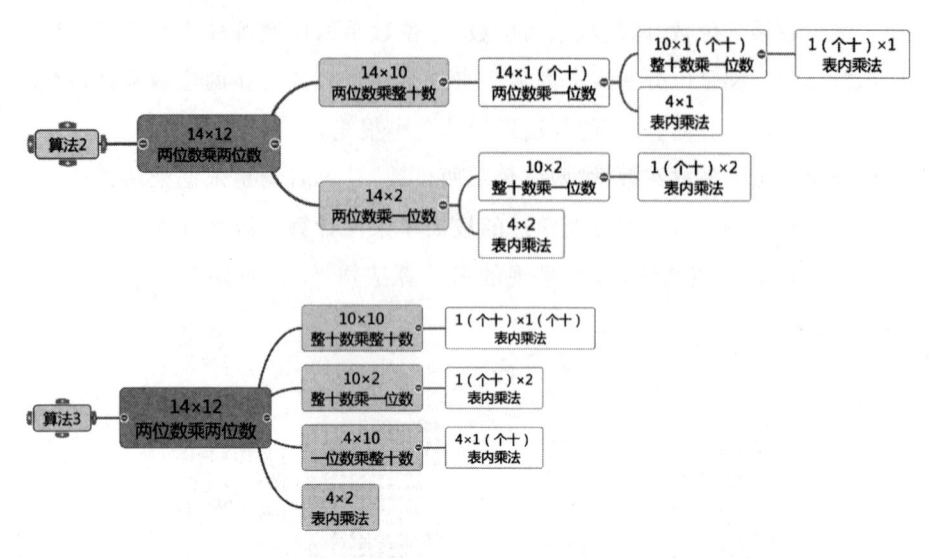

图 4-2 "两位数乘两位数"三种算法

其次,化抽象为直观的"画而解之"的算理理解。

以上"分而算之"的算法背后是非表内乘法的算理,怎么引导学生理解呢?不同的教材有不同的处理,苏教版和西南师大版是利用学生熟悉的生活情境帮助学生理解算理(图 4-3);人教版、北师大版等教材则不约而同地运用点阵图将抽象的算理直观化,通过"看一看""圈一圈""画一画"来帮助学生较好地理解和内化(图 4-4)。

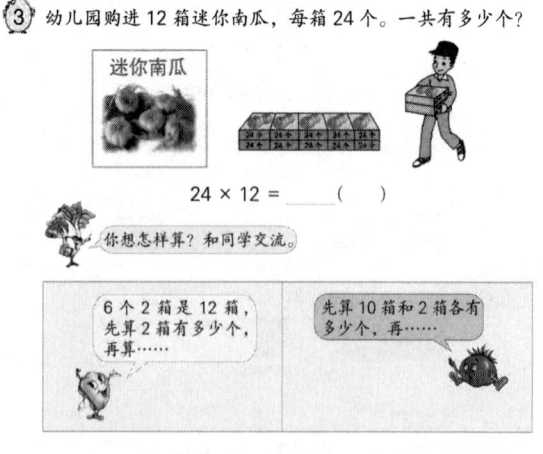

图 4-3 苏教版"两位数乘两位数"教材

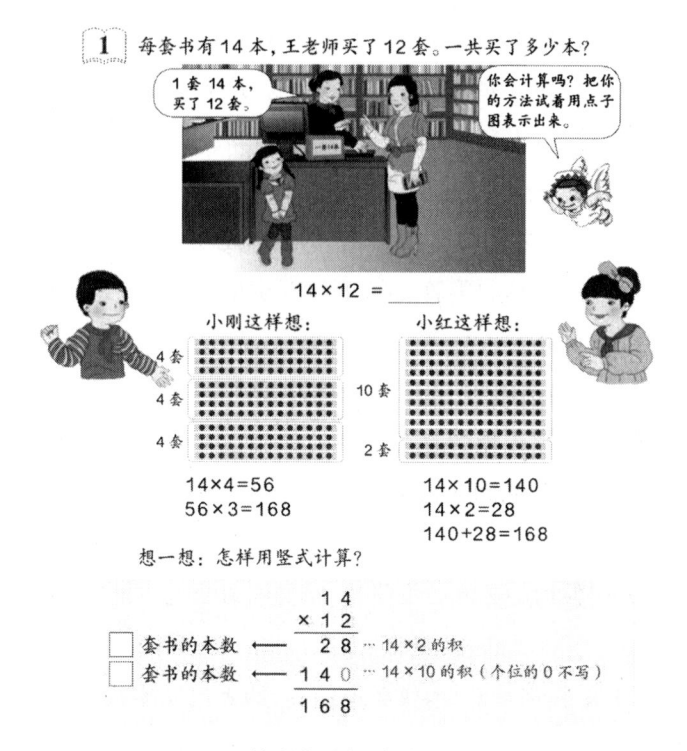

图 4-4 人教版"两位数乘两位数"教材

这种"画而解之"做法的作用,不仅仅是抽象算理直观化与小学生认知特征的契合,易于他们接受;其益处还在于,为静态知识的操作活动提供可能性,教学中我们可以设计"画一画""圈一圈"等操作,结合"想一想""说一说"促使思维显性化、可视化,便于教师了解和组织教学,也便于学生自己整理和调整思维,从而使学习得以真正发生。

再次,化分散为融通的"联而通之"的整体思维。

"两位数乘两位数"以及之前的乘法计算教学,总是试图打通口算、估算和笔算之间的壁垒,引导学生发现不同计算形式之间的内在联系。以人教版为例,结合点阵图呈现的 $14×12$ 的口算方法"$14×10=140,14×2=28,140+28=168$",与随后呈现的竖式笔算方法之间有着明显的相同点,教学时稍加点拨学生就能发现:两者只是计算次序上有很小的差别,口算先高位再低位,笔算相反,思路和过程都是"分而算之"。

>> 三位数乘两位数计算教学研究

好的教师还会在精算之前引导学生估算（他们也是试图通过经常性的引导来培养学生估算的自觉性和能力），并且会引导学生利用估算结果来判别精算是否正确，进而，还有一些优秀的教师会结合图画引导学生明白估算其实是界定了乘积的一个范围。

诸如此类，在以上这些教学之后，好的教师总是不忘引导学生回顾反思，从而体会到估算、口算和笔算之间千丝万缕的联系，学会用整体的眼光看计算、看数学、看世界。

最后，化繁复为简洁的"式而记之"的程式化思路。

"两位数乘两位数"等稍微复杂一点的计算都有一个共同的教学路径，那就是经估算、口算最后落脚笔算。有人说，笔算是计算的程式化。也就是，竖式笔算是人们处理稍复杂计算的一种程式化方法，经过了许多年的探索、调试，今天我们使用的已经是最简洁、最经济往往也是最合理、最科学的计算记录形式。

其实，口算和笔算都是心算，或者说脑算，两者的基本过程是一样的，不同的是记录的方式。口算比较随意，笔算讲究最佳路径。高度程式化的笔算是浓缩了的算法，蕴含着丰富的教学内容，只有引导学生真正领会笔算的算理，才能实现笔算教学的价值；反过来，只有实现了这种算法的程式化，学生的计算技能才有很大的飞跃，并且在学习过程中懂得程式化之外的诸多思想方法。

4.2.2 教学设计："三位数乘两位数"的教学价值如何实现

"三位数乘两位数"教学设计与设计意图：

教学内容：

苏教版数学四年级下册第三单元"三位数乘两位数"第一课时，例1、"练一练"、练习五1—3题。

教学目标：

1.学生在求长方形面积活动中、在"两位数乘两位数"基础上探究"三位数乘两位数"的计算方法，利用数形结合理解算理，沟通不同算法之间的联

系,完成算法抽象;

2.学生在运用算法进行笔算,尤其在对错误的审视辨析中掌握算法。

学情分析:

学习三位数乘两位数之前,学生在三年级下学期学习过两位数乘两位数,笔算方法和经验可以迁移到新知学习中;另外学生也有两位数乘法估算和口算等经验,有助于他们的新知学习。四年级学生已具备一定的自主探究、合作交流等学习能力。小学生求知欲强,只要创设合适的学习环境、提供合适的学习材料和设计合适的问题,他们就能够自主完成学习,表现出良好的学习状态和学习成效。

为了打破以往计算教学比较枯燥和抽象的状况,本课利用数形结合引导学生在"画计算"中理解算理,培养学生对数学的好奇和热爱。

教学重点:

三位数乘两位数的算法探究

教学难点:

三位数乘两位数的算理理解

教学准备:

每生学习单1份

教学过程:

一、引入

1.板书:

长:8厘米 宽:6厘米 面积:?

师:长方形面积会算吗?这个长方形的面积是多少?

学生答后,课件出示方格纸1:你能在这张方格纸上表示出这个长方形的面积吗?

课件演示:图4-5中能找到8吗?几个8?横着看有6个8,是呀,8×6可以表示6个8,8×6还可以表示几个几?还可以怎么看?结果都是什么?

三位数乘两位数计算教学研究

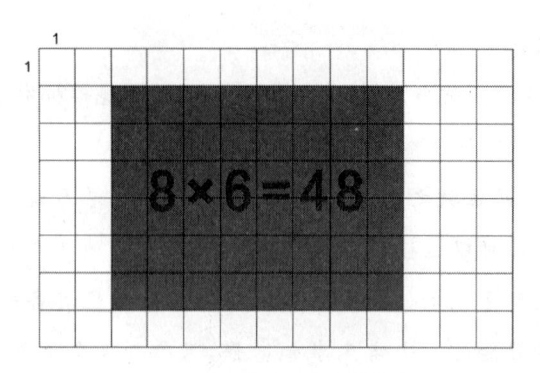

图 4-5 "8×6"方格图

2.变式:

长:28米 宽:16米

师:这个长方形的面积呢?

在这张方格纸上能表示出这个长方形的面积吗?(格子少了)

课件出示方格纸2:现在可以了吗?

课件演示:清楚这是两位数乘两位数,计算过程可以在图 4-6 上清楚地表示出来,请看——

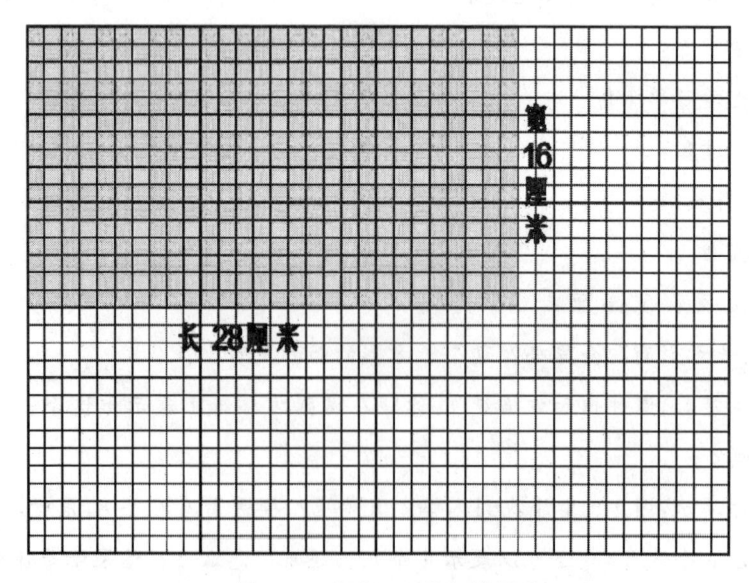

图 4-6 "28×16"方格图

4 初试课堂

28×16可以表示几个几？16个28能一下子算出来吗？那我们是怎么算的？分开算！分谁？怎么分？

（1）式——图（28×16）（如图4-7）

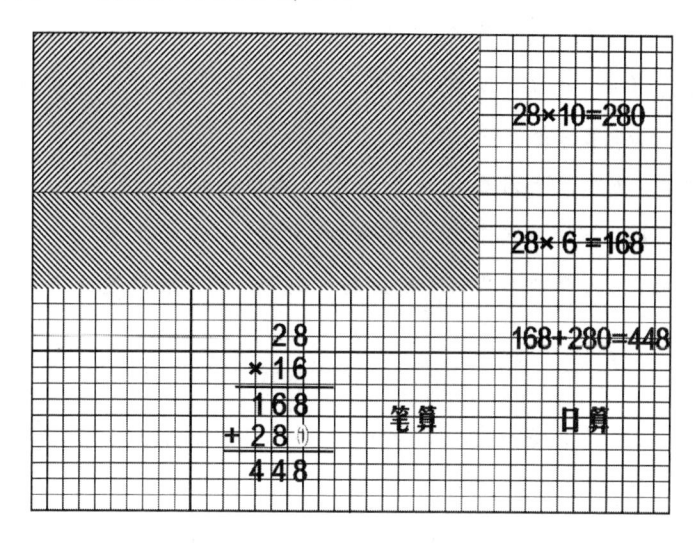

图4-7 "28×16"计算过程

（2）图——式（16×28）（如图4-8）

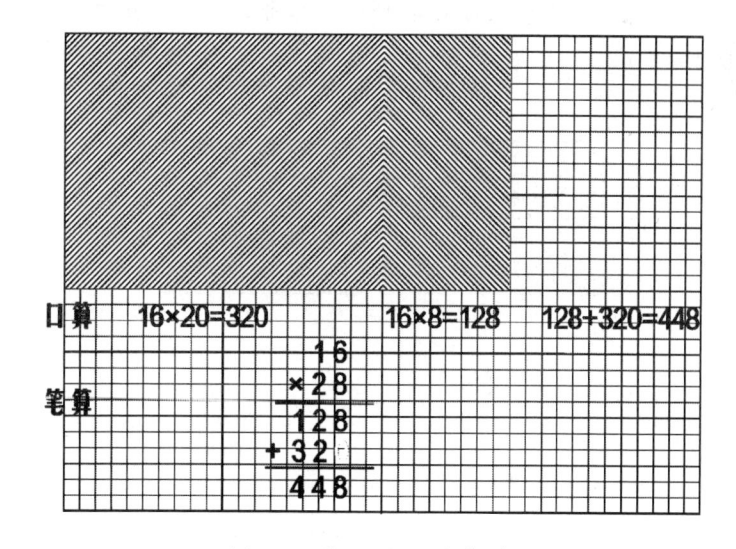

图4-8 "16×28"计算过程

>> 三位数乘两位数计算教学研究

你有什么想说的?(数与形,口算与笔算的联系……)

3.再变:

长:128米 宽:16米

师:它的面积呢?还会算吗?

观察这道算式,是我们没有学过的三位数乘两位数,今天我们就来研究这一类计算。(板书课题)

设计意图:唤起学生对乘法计算算法和算理的记忆,为学生探索"三位数乘两位数"算法和理解其算理做好铺垫,实现"知识的生长";沟通口算与笔算之间的联系,为学生在"三位数乘两位数"学习中继续运用联系的整体的思维热身。

二、探究

师:计算之前咱先想一想,128×16表示几个几?引出:那可以按16个128或者128个16来算,板书:

$$\begin{array}{r}16\\\times 128\end{array} \qquad \begin{array}{r}128\\\times 16\end{array}$$

拿出学习单(如图4-9),试着笔算128×16,并画出计算过程。(生独立完成,师巡回辅导)

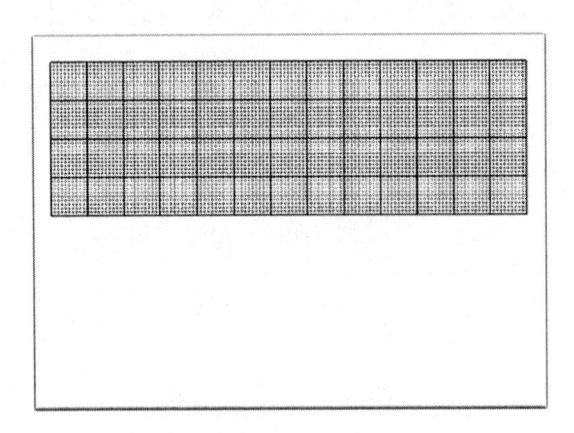

图4-9 笔算"128×16"学习单

注:学习单分层设计,一般学生一面是空白纸、一面是练习题(练习环

节);学习有困难的学生一面是格子纸,一面是练习题。

设计意图:放手学生利用之前经验分而算之;学生自主画图操作,探索算法、表征思路和理解算理;尊重学生个性化思考和思维起点,允许不同的学生有不同层次的画法和算法。

三、交流

1. 同桌交流算法,师巡回辅导。

2. 全班交流,代表汇报,互动补充。利用学生的图画和言说,理解笔算算理。

展示不同的笔算方法:预设有128×16和16×128等。

3. 比较:哪种更好?为什么?

适时板书笔算竖式,注意每一步的算理理解。

4. 说一说:三位数乘两位数可以怎么算?

设计意图:学生充分表达和倾听,先同桌交流再全班交流;学生展示时,图式结合(数形结合)说明算法和算理;既尊重算法多样化又重视算法优化,促使学生思维提升,初步归纳出一般算法。

四、练习(机动部分)

1. 完成"练一练"(如图4-10),订正辨析(重视错例,适时利用估算判断结果);注:第一题全对者练习结束,有错者继续完成第二题。

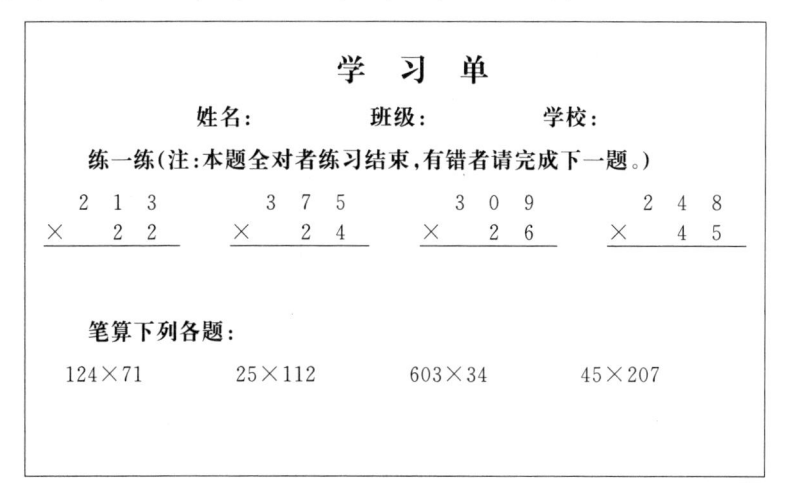

```
                    学  习  单
        姓名:        班级:        学校:
    练一练(注:本题全对者练习结束,有错者请完成下一题。)
        2 1 3           3 7 5           3 0 9           2 4 8
      ×   2 2         ×   2 4         ×   2 6         ×   4 5
      ─────────       ─────────       ─────────       ─────────

        笔算下列各题:
        124×71          25×112          603×34          45×207
```

图4-10 "练一练"学习单

三位数乘两位数计算教学研究

2.完成练习五第3题。

3.反思:三位数乘两位数可以怎么算?

追问:三位数乘两位数笔算该注意些什么?哪些地方容易出错?适时板书。(在原板书上圈画)

设计意图:练习的层次性、选择性、机动性;进一步归纳算法,巩固提高,掌握算法,形成计算技能。

五、总结

今天学习了什么?你有什么收获?还有什么疑问?

引:今天学的是三位数乘两位数,那三位数乘三位数、四位数乘两位数等其他多位数乘法怎么算呢?课后大家可继续思考和尝试。

设计意图:质疑问难,回顾总结全课;实现整数乘法在意义、算理和算法上的前后联系与贯通。

板书设计(如图 4-11):

三位数乘两位数

```
    1 2 8
  ×   1 6
  ───────
    7 6 8  ────── 128×6=768
  1 2 8    ────── 128×10=1280
  ───────
  2 0 4 8  ────── 1280+768=2048
```

```
    1 6
  × 1 2 8
  ───────
    1 2 8  ────── 16×8=128
    3 2    ────── 16×20=320
  1 6      ────── 16×100=1600
  ───────
  2 0 4 8  ────── 128+320+1600=2048
```

图 4-11 板书设计

4.3 "三位数乘两位数"初教反思

4.3.1 教学回顾

本次借班教学效果只能说很一般,并没有出现预期的"精彩",主要表现在以下三方面。

1. 复习引入环节过长

引入环节,从长方形面积入手,利用技术手段引导学生复习之前学习过的表内乘法、两位数乘两位数计算,渗透"分而算之"和"数形结合"等思想方法,并试图沟通口算、笔算之间的联系,为即将学习的三位数乘两位数计算做好铺垫。复习时间长达十五分钟左右,过了新课学习的最佳时机,造成整节课未能按时完成预定内容的教学。

2. 画图的作用受限

学生之前从未接触过用面积模型来解释乘法计算,虽觉新颖,但接受起来,尤其是自己动手画图探索或解释计算时,就会显得缓慢甚至无从下手。因为画图是一个慢过程,画图能力的发展也需要一个过程,一节课时间实难达到立竿见影的效果;画图原本所具有的表征思维和辅助探究的作用在这种情况下受到了很大的限制。

3. 自主学习未能见效

因为复习占时过长和初次画图计算,使得多数学生未能在课堂学习中很好发挥自主学习的成效,很多学生是刚刚找到感觉就到了下课时间,小组和全班交流不充分,巩固练习没有进行,学习的效果没有体现出来。

4.3.2 原因分析

出现上面的情况是笔者最不愿看到的,"残酷"的事实面前,笔者不断地追问自己:课前已经做了不少准备和分析,问题到底出在哪里? 当再次翻看做过的"课前分析"时,笔者猛然发现:这些分析都是围绕教材进行的,缺少对学生的调查和分析,笔者的教学设计是基于较为深入客观的教材分析和想当然的学情的!

我们经常说,一节好课无疑有两大基石:读懂教材,读懂学生。这一次笔者竟犯了一个低级错误:在改进教学设计之前并没有进行严谨细致的学情调查和分析。

笔者以为经历较充分的两位数乘两位数计算的复习环节再放手学生自主探究三位数乘两位数,就能够收到"磨刀不误砍柴工"的功效……

笔者以为面积模型表征乘法计算非常合适自然,复习环节加以引用就能唤醒学生天生的"画力"……

笔者以为数形结合的形式更能够帮助学生理解算理,学生动手画图可以很好地解释乘法竖式,学生自然会欢喜而轻松完成……

然而实际的课堂怎么样呢?

"笔者以为"变成了"空中楼阁"!学生因为"画不好"而无从完成预设的算法探究和算理解释,以及在此基础上的不同算法的比较和优化。

那么,究竟问题出在哪里?只是因为学生薄弱的"画力"影响了教学吗?对于三位数乘两位数这个内容,学生到底已经知道了什么?不知道什么?学习困难点在哪里?

这些问题不正是课前学情调查应该去了解的吗?想到这儿,笔者愈加为自己没有做细致的学习前测而自责不已。

4.3.3 学习前测

为了纠正第一轮课堂教学的不足,弥补学情测查的缺失,笔者设计了如下前测问卷,为第二轮课堂教学做准备。

对象:

全日制四年级学生(学习过多位数乘一位数和两位数乘两位数、未学习三位数乘两位数)

时间:

2021 年 1 月

问题:

4 初试课堂

1. 请计算下面的乘法式题：

$8 \times 6 =$ $16 \times 28 =$ $128 \times 16 =$

设计意图：本题主要测查两方面学情：其一，在没有任何提示和规定的情况下，学生遇到三道不同类型的乘法会用什么方法进行计算？口算、笔算还是简算？其二，未学习过的这道三位数乘两位数式题，学生会不会计算？会用什么方法计算？

2. 你能画图解释上面各题的计算过程吗？试一试！

设计意图：本题主要测查学生画图表征计算过程的能力。

3. 请说明下面笔算每一步的含义：

$$\begin{array}{r} 4\ 8 \\ \times\ \ 3\ 7 \\ \hline 3\ 3\ 6 \\ 1\ 4\ 4\ \ \\ \hline 1\ 7\ 7\ 6 \end{array}$$

……（　　　　　）
……（　　　　　）
……（　　　　　）

设计意图：本题主要测查学生对学习过的两位数乘两位数笔算算理的理解情况。

4. 请尝试笔算下面各题：

$$\begin{array}{r} 1\ 3\ 4 \\ \times\ \ \ 1\ 2 \\ \hline \end{array} \qquad \begin{array}{r} 2\ 3\ 7 \\ \times\ \ \ 8\ 2 \\ \hline \end{array}$$

三位数乘两位数计算教学研究

```
      4 7              3 6
×   1 7 6          × 4 2 5
```

设计意图:本题主要测查两方面学情:其一,对未学习过的三位数乘两位数笔算掌握情况;其二,两种笔算方法的掌握情况。

5 读懂学生

在《三体》第二部中,被三体人封死科学理论研究的地球社会在内忧外患中很快进入惨烈的"大低谷",生态环境、生活水平、科学发展都严重恶化。人们在危机中痛定思痛,爆发第二次文艺复兴和法国大革命,提出"给时间以生命,而不是给生命以时间",远离焦虑和控制。思想解放带来了前所未有的创造力,在已有科学理论范围内科学技术突飞猛进,很多在危机纪元时期难以突破的技术难题都一个个被攻克。

小说里有个非常鲜明的对比:三体危机初期人们的恐慌焦虑和科学技术的停滞、社会的倒退;"大低谷"后人们的放松豁达和应用技术的飞速进步、社会的繁荣。两个时期最大的不同是人们的精神面貌和心理状态,人的主观能动性与整个社会的发展因果循环。

迁移到教学上,学习环境和学生的学习心理对学习效果起着十分重要的作用。所以,基于学情的教学才是有效的,读懂学生成了教学的重要前提。

5.1 把握学情,精准教学

本节,笔者对合肥市肥西县某小学 2017 级 6 班学生学习进行了前测分析。

测查对象:合肥市肥西县某小学 2017 级 6 班全体学生。

测查人数:44 人。

测查时间:2021 年 1 月 15 日下午第一节课,用时 20—30 分钟。

测查简况:该班 44 位学生使用的是苏教版教材,已经学习过三位数乘一位数和两位数乘两位数的乘法,尚未学习三位数乘两位数。测试时值期末复习,该班教师利用周五下午一节课组织前测。教师利用"班班通"屏幕呈现电子问卷,学生在白纸上作答,要求标注题号。

本次前测卷共四大题,测查目标各有侧重,基于该班学生答题情况分析如下:

1.第一大题答题情况分析

①原题。

请计算下面的乘法式题:

$8\times 6=$　　　　$16\times 28=$　　　　$128\times 16=$

②设计意图。

本题主要测查两方面学情:其一,在没有任何提示和规定的情况下,学生遇到三道不同类型的乘法会用什么方法进行计算?口算、笔算还是简算?其二,未学习过的这道三位数乘两位数式题,学生会不会计算?会用什么方法计算?

③答题情况及分析。

表 5-1　第一大题答题情况统计表

计算方式	式题类型		
	表内乘法 8×6	两位数乘两位数 16×28	三位数乘两位数 128×16
直接写得数（省略计算过程）	23 人(52.27%)	19 人(43.18%)	19 人(43.18%)
竖式笔算	21 人(47.73%)	25 人(56.82%)	25 人(56.82%)
正确率	43/44(97.73%)	35/44(79.55%)	31/44(70.45%)

如表 5-1 所示,该班学生面对三道不同类型的乘法式题自由呈现出两种不同的计算方法:直接写得数和竖式笔算。这里笔者没有用"口算"而用"直接写得数"是因为这些学生省略了计算的过程,只写了得数,所以单从卷面

上无从获知所采用的运算方法。基于卷面情况和笔者的教学经验,可以初步判断出:除了第一小题表内乘法学生是采用口算之外,另外两道乘法学生多半也是摆竖式笔算的。其理由至少有两点:其一,两位数乘两位数和三位数乘两位数口算步骤较多,不方便完全口(心)算得出,即便口算,也需要借助纸笔记录步骤;但是,44份答卷中无一人写出口算过程。即便如此,我们能得出的结论仅仅是:直接写得数的学生可能通过口算或笔算或其他算法算出得数。其二,有些学生在第二大题画图说明这三道式题的计算过程时,没有画图而是直接列出竖式(这些被视为第一大题用了竖式笔算方法),但无一人写出口算或其他算法过程(见图5-1)。

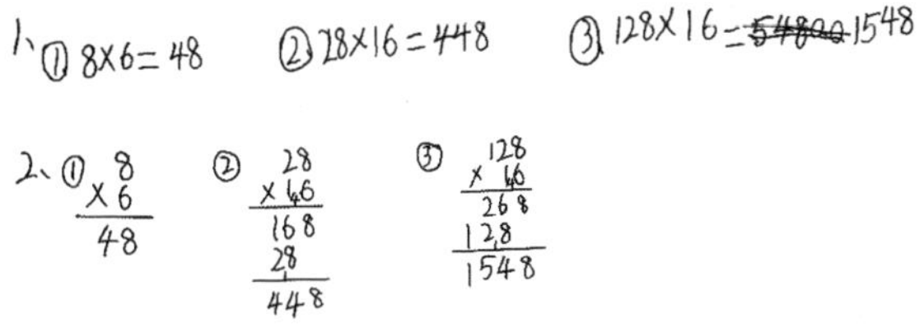

图5-1 第一大题学生答卷示例

由此可知,该班学生乘法计算方法偏向于竖式笔算,对口算、简算等其他算法不习惯或不熟悉、不擅长,算法比较单一,发散性和灵活性不够。

计算正确率方面,有一位学生连表内乘法都错,硬生生将该小题正确率拉到98%以下,属于学困生;有70%以上的学生算对了三位数乘两位数,这个数据在意料之内;算对两位数乘两位数的学生只占不到80%,这有点出乎意料。那么,学生计算出错的原因是什么?

表5-2 第一大题后两题出错情况统计表

题目	错因					总计
	总计空着未做(不会)	题目抄错	算法出错	进位出错	未呈现算错过程	
16×28	2人	1人	1人	2人	3人	9人
128×16	4人	2人	1人	4人	2人	13人

笔者细致梳理了后两小题出错情况(见表5-2),除了2—3人直接写得数未呈现算错过程而无法分析其错因外,有1—2人抄错题目,还有2—4人

属于进位时出错,真正不会算和算法不对的仅3—5人。依据以上错误可初步得出:第一,以上错误均为笔算范畴,因为该班学生习惯于笔算,算法单一;第二,已经学习过的两位数乘两位数笔算仍有少数学生没有掌握;第三,进位以及连续进位的笔算是计算难点,容易出错;第四,对于该班绝大多数学生而言,三位数乘两位数笔算的算法能够自行掌握,可以不教或不作为教学重点,但少数学生需个别辅导。

该班学生答卷中凡呈现 128×16 计算过程的,基本都是竖式笔算的方法,只有一份答卷有些例外,这份答卷没有列出 128×16 的常规笔算竖式,而是呈现两步计算的过程:将 128 分解成 100+28,先算 16×100 得 1600,再利用前一小题 16×28 的结果 448,算 1600+448 得到 2048(见图 5-2)。有趣的是:第一,这种方法体现了"分而算之"的算法思想,这是非表内乘法的统一思想,适用于相关口算、笔算等,反映出该生比较灵活的计算能力,以及对算理的理解,在整个班级学生中凤毛麟角;第二,该生没有摆脱该班学生习惯于笔算的局限,分而算之的过程是用竖式呈现的,而没有用更加简便自然的横式。

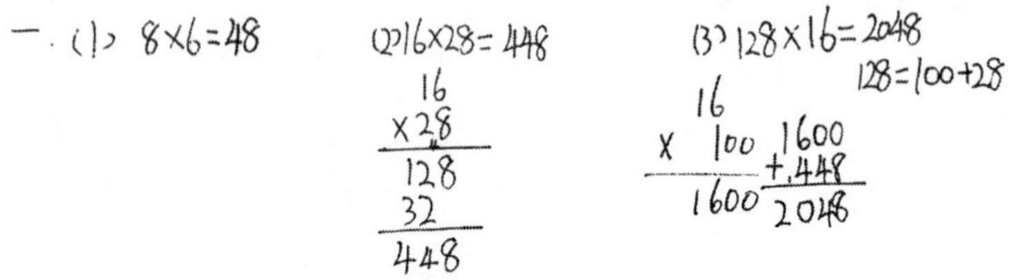

图 5-2 第一大题学生答卷特例

2.第二大题答题情况分析

①原题。

你能画图解释上面各题的计算过程吗?试一试!

②设计意图。

本题主要测查学生画图表征计算过程的能力。

③答题情况及分析。

5 读懂学生

表 5-3 第二大题答题情况分析表

层次		描述	人数	备注
水平 0	层次 0-1	没有画图或其他方式表征计算过程	4	
	层次 0-2	没有画图但用竖式或横式等方式表征了(部分)计算过程	18	
水平 1	层次 1-1	只画图表征了乘法算式的意义	14	少数作品表征意义不清晰
	层次 1-2	画图表征了乘法算式的意义,文字或算式表征了(部分)计算过程	8	
水平 2		试图画图表征计算过程,但算法和算理都不够完整和清晰	0	
水平 3		画图表征出计算过程,算法清楚,算理明白	0	

笔者基于 44 份答卷反馈的情况,联系本题测查意图将学生画图表征整数乘法计算过程的能力大致划分为四个水平,即水平 0—3;根据学生的具体答题情况,再将水平 0 和水平 1 进一步细分为两个小层次(具体见表 5-3)。

关于以上层次划分,需要说明一点:本题的设计意图主要是测查学生画图表征计算过程的能力,所以对作品所反映能力水平的划分主要依据学生的画图能力,而非思维水平。比如有的作品被划分到水平 0 的层次 0-2,但其中用非画图方式表征的计算过程可能会比划分到水平 1 中层次 1-1 的作品思维水平更高。

从全班答卷分析,学生画图表征整数乘法计算过程的水平局限在较低层次上,竟无一人达到水平 2,更勿论水平 3。究其原因,可能有以下几点:第一,教材原因。该班学生用的教材是苏教版的,该版本教材在整数乘法计算的算理表征方面没有像北师大或人教版那样引用过点子图,学生没有"画乘法计算"的基础和经验。第二,教学原因。该班虽然从一年级开始就有"画数学"学习,但是主要是在"画概念""画思路""画结构"方面,极少涉及"画计算",零星的一点"画加减"和"画乘法"也属于画出加法、减法及乘法的意义,从未从数的组成角度出发画过这些计算的算理,所以学生不会。第三,班风原因。该班是一位年轻数学老师所带两个平行班中的一个,自一年级开始

三位数乘两位数计算教学研究

至今换过三任班主任,学习习惯相对比较差(注:这从平行班的前测结果对比中也得到了证实,略)。

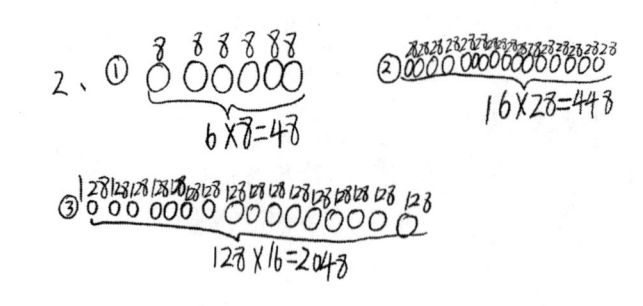

图 5-3 层次 1—1 示例

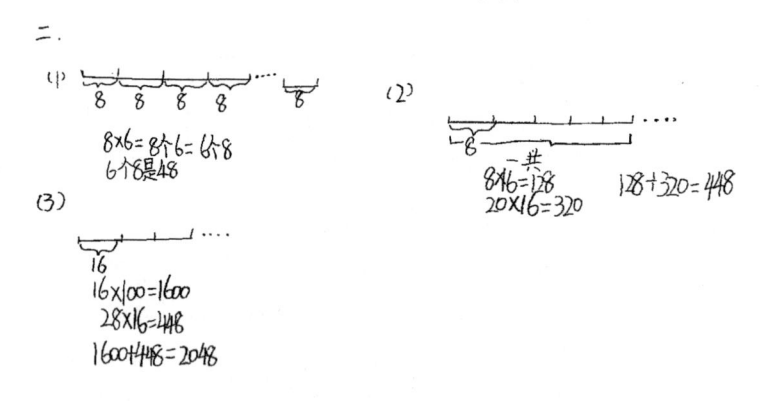

图 5-4 层次 1—2 示例

3.第三大题答题情况分析

①原题。

请说明下面笔算每一步的含义:

```
        4 8
    ×   3 7 ……(           )
        3 3 6 ……(           )
      1 4 4   ……(           )
      1 7 7 6
```

②设计意图。

本题主要测查学生对学习过的两位数乘两位数笔算算理的理解情况。

③答题情况及分析。

根据测查班级学生本题的解答情况,笔者将 44 份解答划分成水平 0—3 四个不同水平层次(见表 5-4)。从统计数据看是不容乐观的,已经可以初步判断该班学生对已经学习过的两位数乘两位数笔算算理并不能很好地理解,说明或试图说明计算的各个步骤道理的只有 12 人,不到 28％!

表 5-4 第三大题答题情况分析表

水平分层	描述	人数	错误率
水平 0	未作出任何说明	4	/
水平 1	读出各部分的数	4	3/4(75％)
水平 2	说明各部分的意义(组成)	24	8/24(33.33％)
水平 3	说明各部分的算理(来源)	12	2/12(16.67％)
合计		44	13/44(29.55％)

不仅如此,在水平 1—3 的 40 份答卷中还有相当比重的错误率:处于水平 1 的 4 份答卷,学生只是读出问卷标注的内容,在这个前提下,不计写法上的错误(比如将"四百"写成"4 百"),仍然有 3 份答卷出现关键性错误,即把第二行的数读作一百四十四,说明学生没有真正理解算理;水平 2 的 24 份答卷中,不计计算错误的,有 8 份答卷出错,其中 6 份是关键性错误,即把第二行"144"的意义写成"144 个一"(4 份)或"1 个百 4 个十 4 个一"(1 份)或"144 个百"(1 份),也说明其不清楚算理;水平 3 的 12 份答卷中,有 2 份出错,且都是关键性错误:把第二步的算理说成 3 个 48 或 3×48,同样说明这两人没有注意到这一步计算的准确含义。

4. 第四大题答题情况分析

①原题。

请尝试笔算下面各题:

$$\begin{array}{r}134\\\times12\\\hline\end{array}\qquad\begin{array}{r}237\\\times82\\\hline\end{array}$$

三位数乘两位数计算教学研究

```
       4 7              3 6
×    1 7 6         ×  4 2 5
```

②设计意图。

本题主要测查两方面学情:其一,对未学习过的三位数乘两位数笔算掌握情况;其二,两种笔算方法的掌握情况。

③答题情况及分析。

首先看笔算的正确率,44人中仅10人算出全部4小题的正确得数,算全对人数占总人数22.73%;其余34人算错了83题,出错率47.16%,近半数。

表5-5 第四大题答题情况分析表

出错题数 (共4小题)	人数	总出错题数	原因分析
0(全对)	10	0	9人掌握了笔算方法;1人用的是口算方法。
1	8	8	5人进位出错;1人分步乘积数位对齐出错;2人最后一步加出错。
2	14	28	14题进位出错;5题分步乘积数位对齐出错;5题最后一步加出错;4题算法出错。
3	1	3	2题进位出错;1题最后一步加出错。
4(全错)	11	44	8人32题算法出错;1人4题未做(不会);2人2题分步乘积数位对齐出错,4题算法出错,1题题目抄错,1题进位出错。
合计	44	83	40题算法出错;22题进位出错;8题数位对齐出错;8题最后一步加出错;4题未做;1题题目抄错。

错因上看,近半数(40/83)算错的原因是算法没有掌握;有22题是进位出错,8题各步乘积数位对齐出错,8题最后一步加出错,4题不会而未做(其实可以归因到算法出错内),仅1题是抄错了题目。

其次看两种笔算方法的掌握情况:

1. 全对答卷中的情况

在全对的 10 人 40 题中,对于后两题两位数放在竖式上方、三位数放在竖式下方的笔算,有 5 人将其自觉转化成三位数放在竖式上方、两位数放在竖式下方的笔算形式,从而算出正确结果;有 1 人采用口算方法算出正确结果,而且是沿用前两题分解三位数的方法来口算的,即这种口算的计算步骤与三位数放在竖式上方、两位数放在竖式下方的笔算形式相似;余下 4 人虽然保留了两位数放在竖式上方、三位数放在竖式下方的笔算形式,但是笔算时并非是用两位数分别去乘三位数中各个数位上的数,从而分三步乘再将三个乘积相加,而是用下方的三位数分别去乘上方的两位数各个数位上的数,也是分两步乘,再将两个乘积加起来,实际上与转化后的乘法无异。最后这一点很值得关注。至此,可以得出结论:所有算全对的人都是将后两题转化成前两题的计算顺序来笔算的,即将三步乘转化成两步乘(如图5-5)。

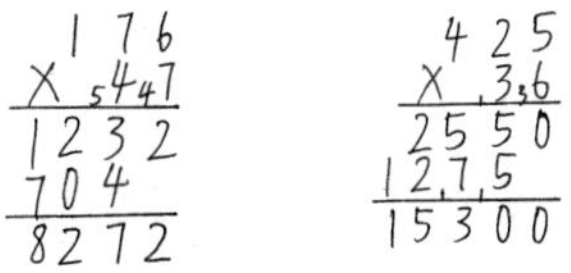

图 5-5 转化成两步乘竖式

2. 其他答卷中的情况

为了研究的高效,这里不考虑全错的 11 人答卷,不考虑全对的 10 人答卷,也不考虑将后两题的竖式形式转化成前两题的竖式形式的算题,而是聚焦到没有转化竖式形式的算题,看看是否可以发现一些问题。

在没有转化竖式形式的 25 道算题中,分三步乘的只有 13 道,另外 12 道近半数实际是按照与转化了的竖式形式相同的两步乘的方法来算的,错误率是 50%,也就是一半算错一半算对;而分三步乘的 13 道算题错误率接近 70%,只有三成的算题正确;总体来看,不转化竖式形式的算题错误率很高,达到了 60%(见表 5-6)。

三位数乘两位数计算教学研究

表 5-6 两位数乘三位数答题情况统计表(竖式中两位数在上)

数量	笔算方法		总计
	总计分解三位数(三步乘)	分解两位数(两步乘)题数	
25	13	12	
错题数	9	6	15
占比	69.23%	50%	60%

那么,转化了竖式形式的算题的正确率是否更高?聚焦之后还需要对比,所以仍然不能避开转化了竖式形式的算题,笔者也做了相关统计(见表 5-7)。

表 5-7 两位数乘三位数竖式转化成三位数乘两位数后答题情况统计表

不算方法	分解两位数(两步乘)	占比
对题数	11	45.83%
错题数	13	54.17%
合计	24	100%

不考虑全对的 10 人答卷和全错的 11 人答卷,再聚焦将三位数在竖式下方的原竖式形式转化成三位数在竖式下方的竖式形式的式题,这样的式题共计 24 道,无一例外都是分解下方的两位数分两步乘再加,其中 11 道算对,13 道出错,错误率为 54.17%,低于未转化原竖式形式算题的 60% 和未转化形式分三步乘算题的 69.23%,却高于未转化形式分两步乘算题的 50%。后者颇令人意外!

由上面的数据分析大体可得出以下结论:①分两步乘的式题的正确率高于分三步乘的式题;②将三位数在竖式下方的竖式形式转化成三位数在上方的竖式形式的式题的正确率高于未转化的式题。

在分三步乘的两位数乘三位数的竖式笔算中,出现了两种具体算法:一种是常规的先三步乘再加,即乘乘乘加(如图 5-6);一种是少见的先两步乘再加再乘第三步再加,即乘乘加乘加(如图 5-7)。虽然后一种算法不是最简最优,但是它体现了学生对两位数乘三位数笔算的一种真实探索,有理有据,同样值得肯定。

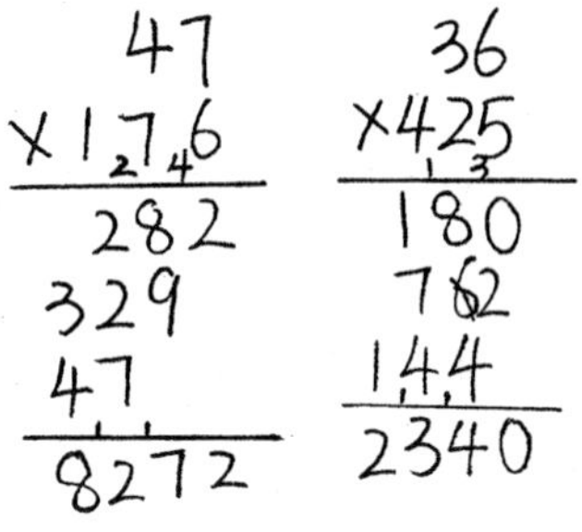

图 5-6　三步乘之乘乘乘加 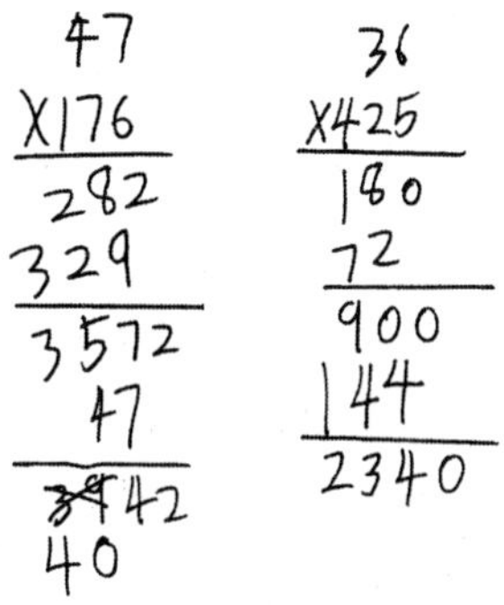　　图 5-7　三步乘之乘乘加乘加

根据以上对该班学生学习前测结果的分析,在接下来的课堂教学中,我们需要注意以下几点:

1. 注意不同计算形式之间的联系

因为该班学生算法思维比较单一,局限于笔算方法,非常有必要改变这样的局面,尽可能引导他们认识到同一式题可以有不同种算法,并且口算、估算和简算与笔算之间有着密切的内在联系,从而拓宽他们的视野和思维。

2. 谨慎使用数形结合思想方法

该班学生没有"画计算"的基础和经验,不大可能在本节课里引导其熟悉画图表征笔算计算过程和算理,时间上是不允许的。即便要引入,也只能是给现成的图示引导学生理解。与其半生不熟,不如不用,可以用生活情境或直接说算理的方式辅助学生理解和表征算理。

3. 把握知识自主迁移和高效点拨的度

绝大多数学生对三位数乘两位数的计算可以自主探索出来,掌握起来并不十分困难;但是相当比重的计算错误是因为学生对算法的掌握有问题。所以,不经过课堂教学的过程,还有不少学生不能自行掌握新的算法,不能自主完成知识的迁移。这就意味着,课堂教学需要给予学生探究和试错纠错的机会,适时组织学生间的交流讨论,教师在关键问题上加以引导和点拨,很好促使学生完成新知的学习和掌握。

4.注意两种笔算方法的比较和优化

前测表明,该班学生面对两位数乘三位数的这种竖式形式存在很大的计算困难,需要在课堂上暴露这种困惑并开展积极有效的交流讨论活动,比较不同的计算尝试,在对比和辨析中理解算理、优化算法、化解难点。

5.适时适度进行算法体系的构建

基于该班学情,沟通整数乘法前行知识、本课知识及后继知识之间的联系,构建统一的整数乘法的算法体系这样的教学目标可能没有时间在第一课时完成。但是,教师必须心中有数,在实际课堂上适时适度地进行,力争做到:既不求快贪多,也不错失机会。

5.2 从未知到获知

1.缘起

本次学习前测在实施过程中出现了失误,本区域大部分学校使用人教版教材,三位数乘两位数的内容在四年级上学期学习,前测时已经临近学期末,四年级学生都已经学习过,显然不能进行;于是将前测对象变更成三年级学生。临到前测前夕,发现人教版三上的学生连两位数乘两位数都没有学过!但是前测仍然如期进行,理由有两点:1.前测卷已经打印,班级已经安排好,万事俱备;2.既然学生连两位数乘两位数都没有学习,只学习过两(三)位数乘一位数,那么这次前测更能测查出当学生面对非常陌生的问题时会不会积极调动已有经验寻求解决问题的方法,不妨一试。

2.抽样分析

本次前测共测查了本县三所使用人教版教材的学校六个班级,得到的结果大致相同,现在随机抽取某小学两个班级的问卷,进行分析。

本次抽查了某小学三(1)班和三(2)班共99名学生,测查后笔者从回收的99份答卷中认真筛选出22份"有想法"的答卷进行进一步分析,舍弃了另外77份没能体现"有价值的思路"的答卷,被舍弃的答卷在两位数乘两位数和三位数乘两位数计算上要么写"不会"或卷面空白,要么胡乱算一通,答案错误且算法没有依据。

表5-8 人教版三上学生探索两(三)位数乘两位数计算情况统计表

类型	画而数之	叠加	倍加	分而乘之(结合律)	分而乘之(分配律)	算法对，算理基本明白	算法错，试图解释	算法对，不规范	算法错，画法有意思	合计
人数	1	2	2	3	5	5	2	1	1	22

有1名学生通过画图和数数的方法得到两位数乘两位数和三位数乘两位数式题的得数(见图5-8)，我们姑且称她的方法为"画而数之"。

1. 请计算下面的乘法式题：

① 8×6=48　　16×28=448　　128×16=2048

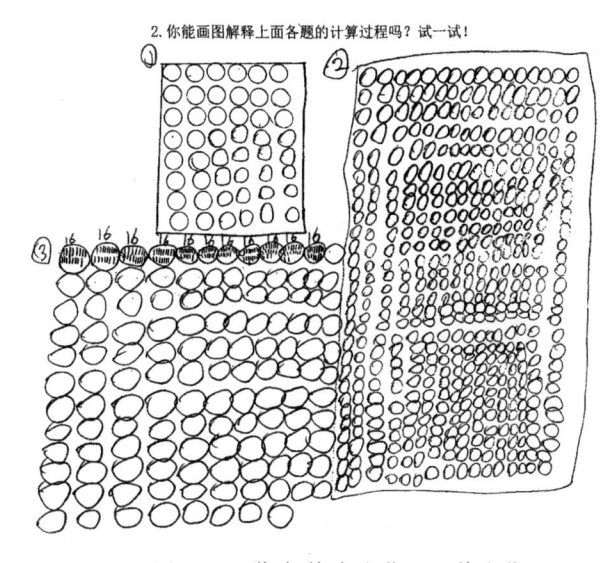

2. 你能画图解释上面各题的计算过程吗？试一试！

图5-8 学生答卷之"画而数之"

访谈记录：

师(指16×28和128×16的得数)：你是怎么得到结果的？

生(手指所画的图)：画一画，数出来的。

师：啊！怪不得见你埋头好久，不好数吧？

生(指128×16图)：这个先数12个，再乘10，然后数8个，再加起来。

师：那也很不简单！你很聪明！为你的认真和坚持点赞！你有没有想

三位数乘两位数计算教学研究

过,可能会有更好的算法?

有 4 名学生根据乘法的意义将不会算的两位数(三位数)乘两位数转化成加法而算出结果。其中 2 名学生采用一个一个不断叠加法,其计算可以记作:

16×28
$=28+28+28+28+28+28+28+28+28+28+28+28+28+28+28+28$
$=56+56+56+56+56+56+56+56$
$=112+56+56+56+56+56+56$
$=168+56+56+56+56+56$
$=224+56+56+56+56$
$=280+56+56+56$
$=336+56+56$
$=392+56$
$=448$

另 2 名学生采用成倍递增相加的方法求出 16 个 28(128)是多少,其计算可以记作:

2 个 28:28+28=56
4 个 28:56+56=112
8 个 28:112+112=224
16 个 28:224+224=448

其实以上"倍加"法已经暗含着利用乘法结合律分而乘之的思路,只不过学生没有用乘法,而是转化成加法,这种方法还可以记作:

16×28
$=28 \times 2 \times 2 \times 2 \times 2$
$=56 \times 2 \times 2 \times 2$
$=112 \times 2 \times 2$
$=224 \times 2$
$=448$

5 读懂学生

有 7 名学生采用分而乘之的方法,其中 3 名学生利用乘法结合律将一个因数改写成两个一位数相乘而算出结果(如图 5-9),5 名学生利用乘法分配律将一个因数改写成两个或几个数相加,再用这几个加数分别乘另一个因数,最后将乘积加起来算出结果(如图 5-10)。有 1 名学生在"分而乘之"的计算过程中显然不是十分明确这种算法,混淆了以上两种分算方法而造成错误,即:他先将 28 分成 20 和 8,本来是要乘加,他却连乘,算成了 $16 \times 20 \times 8$,同样把第三小题算成 $128 \times 10 \times 6$(如图 5-11)。

值得注意的一点是:利用结合律分算的 2 份答卷 4 小题全对,第 3 份答卷是计入这一类的图 5-10;利用分配律分算的 5 份答卷 10 小题中只有 3 小题结果正确,比如图 5-16 中第二小题就出错了。

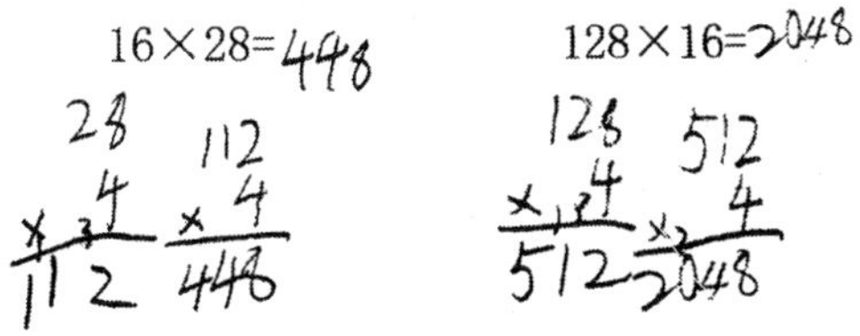

图 5-9 学生答卷之利用结合律

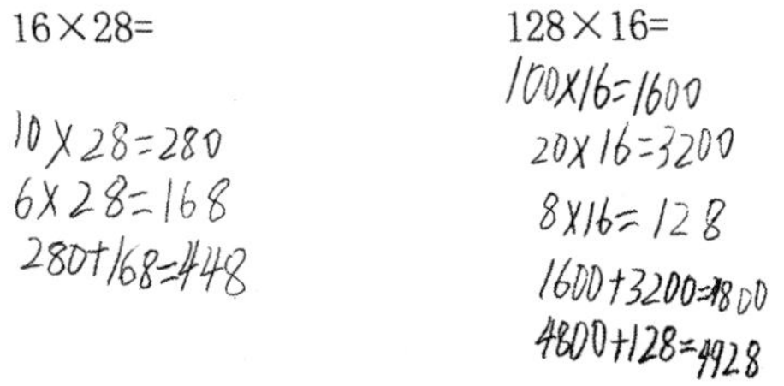

图 5-10 学生答卷之利用分配律

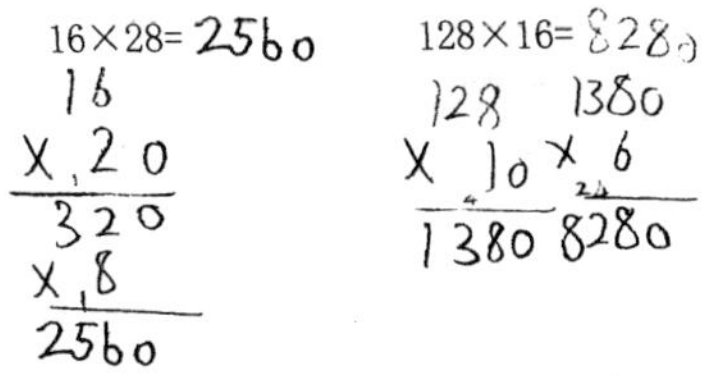

图 5-11 学生答卷之错例

>> 三位数乘两位数计算教学研究

有5名学生是知道两(三)位数乘两位数的笔算算法的,经过访谈得知:这5名学生全部是课外家长教过。当然算法正确的同时算理明白且计算正确率百分百的只有1名(如图5-12);其余4名学生都在理解算理上出现问题,且集中表现在对第二步乘法的理解不够准确(如图5-13),4份答卷24小题只算对11小题,5小题空白,8小题出错,正确率是45.83%;如果计入全对的那名学生的答题,则正确率约56.67%。

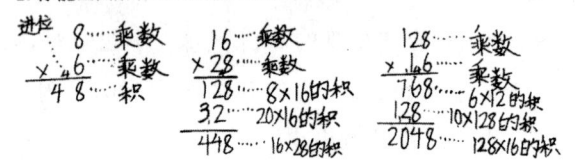

图5-12　学生答卷之全对特例

图5-13　学生答卷之算理错例

有2名学生自己探索的算法是错误的,当然结果也不对,这种情况在舍弃掉的77份答卷里还有很多,明显地乱算一通,但这2名学生试图说明算法,将自己的思考呈现出来(如图5-14),这是有价值的。

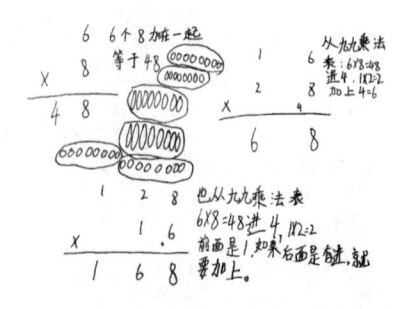

图5-14　学生答卷之试图说理的错例

值得特别注意的是,有一名学生的算法乍一看也是混乱无章的(如图5-15),但是其呈现了思考过程,仔细一看,他的算法是对的!不过这种算法与我们现在使用的常规笔算方法相比,不够简洁。

2.你能画图解释上面各题的计算过程吗?试一试!

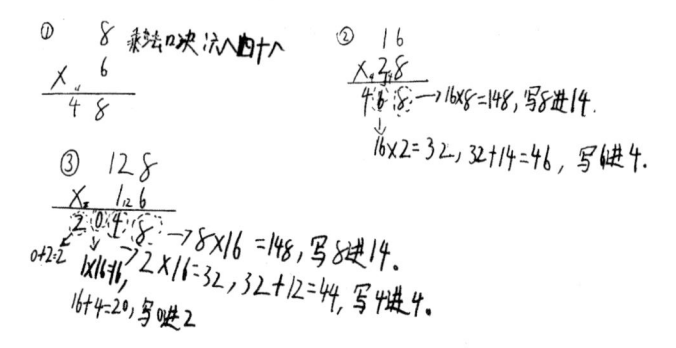

图 5-15　学生答卷之自创算法

图 5-15 中因为题 2 中算 16×8 出错,应该得 128,错算成 148,导致最后结果错误,但是他的算法是对的,他是怎么算的?他解释得比较清楚:

第一步:算 16×8=128(错成 148),个位写 8 进 12(错成 14)

第二步:算 16×2(实为 20)=32(实为 320)

第三步:算 32+12=44(错成 46,实为 320+120=440),十位写 4 进百位 4(错成写 6 进 4)

最后得数:448(错成 468)

以上算法最大的优点是:积的占位准确;最大的缺点是:进位数较大较多,容易出错。

我们再来看图 5-15 中题③的算法(其中有笔误,比如竖式上写的是进 12,说明计算结果是 128,但是解释文字中仍然是 148,忽略):

第一步:算 8×16=128,个位写 8 进 12;

第二步:算 2×16=32;

第三步:算 32+12=44,十位写 4 进 4;

第四步:算 1×16=16;

第五步:算 16+4=20,百位写 0 进千位 2。

>> 三位数乘两位数计算教学研究

最后得数:2048。

还有 1 名学生的答卷入选 22 份"有价值"答卷之列,是因为其第 2 题画图有意思(见图 5-16):8×6 数据小画出完整的点阵图;16×28 数据有点大,开始简略,只画出完整的一行一列;128×16 数据很大,进一步简化,圆圈变成点,只画一行一列,标注数据。以上三幅图的变化很好地呈现我们"数学画"从具象到抽象,不断简化的过程,第三幅图其实已经可以过渡到面积模型图了,连点成线即可。

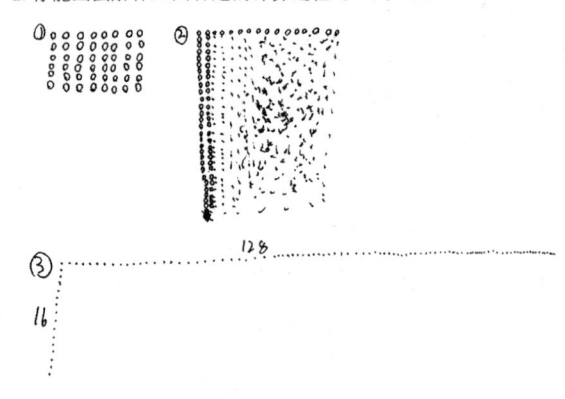

图 5-16　学生答卷之画图

当然,像其他作品一样,这份答卷也只是画出乘法算式的意义,而没有更进一步画出计算的过程。

3.教学追问

与学过两位数乘两位数笔算的学生答卷相比,基础更加薄弱的学生在答卷中呈现出更多更灵动的算法探索,他们的思维更加灵活,前者则更多被局限在常规算法里。

这不禁让笔者想起 2011 年春在华东师范大学参加国培学习听孔企平教授谈到的一个案例:比萨饼问题。

将下面的"比萨饼问题"呈现给中美两国学生解决:

有一些孩子和一些比萨饼。7 个女孩平分 2 个比萨饼,3 个男孩平分 1 个比萨饼。

A.每个女孩分得的比萨饼与每个男孩分得的比萨饼一样多吗?解释或展示你是如何找到答案的。

B.如果每个女孩分得的比萨饼和每个男孩分得的比萨饼不一样多,谁分得更多一些?解释或展示你是如何找到答案的。

测试结果:超过90%的中国学生使用了如下的常规策略:

每个男孩将分得1/3个比萨饼,而每个女孩将分得2/7个比萨饼。

如果要比较1/3和2/7的大小,只要把这两个分数通分(1/3=7/21,2/7=6/21,7/21-6/21=1/21)或是把它们都转化为小数(1/3=0.33,2/7=0.29,0.33-0.29=0.04),就可知道1/3大于2/7。

只有大约20%的美国学生使用了这种常规策略。相反地,绝大多数的美国学生使用了如下的非常规策略中的一种。

解法1:三个女孩分一个比萨饼,另外三个女孩分另一个比萨饼。这六个女孩中的每个女孩都与三个男孩中的每个男孩分得同样多的比萨饼。但是有一个女孩没有分得比萨饼。所以,每个男孩分得的比萨饼更多。

解法2:三个女孩分一个比萨饼,剩下的四个女孩分一个比萨饼。剩下的四个女孩每人分得的比萨饼要少于每个男孩分得的比萨饼。所以男孩分得的比萨饼更多。

解法3:7个女孩有2个比萨饼,3个男孩有1个比萨饼。女孩所拥有的比萨饼是男孩所拥有的比萨饼的2倍。但女孩的人数却不止男孩人数的2倍,所以男孩分得的比萨饼更多。

解法4:每个比萨饼被分成4块。每个女孩分得1块,还剩余1块。每个男孩分得1块,也还剩余1块。剩下的1块必须由7个女孩再次来分,而另外剩下的1块只需要3个男孩再次来分,所以男孩分得的比萨饼更多。

记得孔企平先生随后向学员们提问:你对中国学生与美国学生的不同解决策略有何评价?你更认同哪一种?当时出现了两种声音:一种认为美国学生的非常规策略更有价值,因为学生经历了富有个性的探究过程,发展了学生的数学思维和创新能力,而中国学生因为已掌握了相关的分数知识,反而抑制了其个性创造和自主探寻,也就丧失了锻炼思维的机会;另一种认

>> 三位数乘两位数计算教学研究

为中国学生的常规策略更符合数学精神,美国学生的方法虽然多样、富有创造性,但运用分数知识的方法无疑更加科学快捷。

此案例与本次前测结果引起了笔者的深思,一个个困扰笔者的问题接二连三地出现在笔者的脑海:

其一,数学教材中数学知识越多越好?

从上述案例我们可以清楚得知美国的小学数学教材远没有我们的"深"(我们的学生已经会熟练运用分数知识,同龄美国学生则不会)。笔者不禁要问:有必要让学生早早地学习那么多知识吗?有句话说:"知识越多越愚笨"有无道理?因为相对于数学思考方法、数学思想观念、数学精神品格来说,数学知识只是一种素材。一方面,学生过早地学习某些数学知识是否会导致为这些知识所困?过于依赖既得知识而失去自主探寻的勇气和意识,是否不利于学生发展?另一方面,教材中编排的知识多了,课时势必就紧张,一些需要"慢"的地方可能就慢不下来,过快的学习节奏会不会降低学习的效果?囫囵吞枣现象在现实教学中常常发生。

其二,"基础扎实"与"创造力强大"哪个更重要?

孔企平先生说到,我们在反思自身不足的同时应看到我们的长处——基础扎实。的确这是我们教育的一大特点,但这一特点真的是值得我们"沾沾自喜"的优点吗?

试问:我们的学生将来从事数学及相关研究的有多少?大部分学生在以后的人生中是用不上现在学校里学习的大部分数学知识的,也就是说这么"扎实"的数学知识将面临一个尴尬的命运:辛苦习得,一生无用。相反在这些学生的人生中最终起作用的却是数学思维、创新精神和创造能力。

再说那一小部分将来会更多使用到数学知识的学生。当然扎实的专业基础是很好的事业基石,而要保证事业的成功还应同时具有较强的创造力。在基础方面似乎美国学生不如中国学生,但有调查显示:美国学生热爱数学比中国学生更纯粹,他们更多地是热爱数学本身而非数学以外的功利。只要首先培养了数学的思维和创造力,再加上发自内心的热爱,什么样的数学知识学不会呢?所谓"磨刀不误砍柴工",换句话说,他们会很快弥补知识上的欠缺,并且是自主地、有选择性地学习,这样更有效率。而且关键是他们拥有从小培养起来的创造力!这是以后很难弥补的!

其三,我们能做到"鱼"与"熊掌"兼而得之吗?

孔企平先生指出,目前的中美两国教育发展趋势是"相互接近"、相互取长补短。我们在学习他们的长处,他们同样也在借鉴我们的优点。为此笔者不禁质疑:"鱼"与"熊掌"能够兼得吗?如果不能兼得,我们当然应"舍鱼而取熊掌也"。如果能兼而得之,那么又该如何兼得呢?

笔者想这必然会引出两个重要问题:数学教什么?怎样教?

陈省身先生说过,数学可分为好的数学与不好的数学。好的数学指的是能发展的、能越来越深入、能被广泛应用、互相联系的数学;不好的数学是一些比较孤立的内容。比如,方程就是好的数学。可见数学教学知识的筛选十分重要。

对数学的教学应更注重数学知识的习得过程、更注重数学知识背后蕴含的丰富的数学文化,以提升学生的数学素养为旨归,这也是我们的新课程改革的重点。

记得有人说过"教什么比怎样教更重要",而"教什么"除了数学知识的筛选还包括对数学知识在数学教材的呈现次序的安排上……

4. 教育思考

对以上问题的思考激励着笔者积极投身教学实践,并更加关注中西方不同教育理念的比较。

十年前"虎妈"蔡美儿(美国华裔,耶鲁大学法学教授,畅销书《虎妈战歌》的作者)的育儿理念、育儿方法以及育儿"战果"曾在美中两国乃至全球范围引发激烈的大讨论,一时间从"教育反思""教育再认"到"价值剖析""文化溯源""文化比较"乃至"国力竞争""政治考量"等一系列的思考与研究精彩纷呈,连时任教育部部长袁贵仁也站出来回应"虎妈"现象。正如美国某位评论者所说:"《虎妈战歌》之所以能'火',是因为它出得正是时候。"东西方风格迥异而不断碰撞的文化传统、教育理念,中国近几十年的改革与发展在美国人心理上产生的微妙作用,全球经济一体化后思想文化领域的逐渐

"靠近"……所有这些都折射出一个不争事实——世界正在走向融合。在这样一个不断融合的世界,立足自我、找到"根"性就显得尤其重要;否则将沦为"跟"奴!

国家的竞争,说到底是科技的较量,也是教育的较量。我们比任何时候都更应该寻找教育的"根",激发生长的"力"。

二十年前我们推行课改正是因为看到自己的不足,例如:过于强调"双基",过于强化训练,数学教学脱离学生生活,过于强调教师的权威,过于强调和依赖"讲授—接受式"教学方式,忽视学生的主体地位,忽视动手能力、合作精神、创新能力的培养,忽视学生要经历数学知识形成过程,忽视学生学习兴趣的培养,等等。于是,我们要向美国等发达国家学习,改变现状——新课改势如破竹!十年前反思课改,成效显著,问题也不少。我们在面对诸多问题时,猛然发现这场改革有些"矫枉过正"——我们丢弃了自己的传统(尽管里面有很多精华),我们竭尽全力向人家学习的并不全是优点。既使确是人家的优点,到我们这儿还会"水土不服"。

十年前的那次整装再出发让我们褪去多余的冲动和偏激,将投射出去的目光收回;认真地反思十年的得失,冷静地认清自己,怀着一颗虔诚的心回望我们倍受冷落的传统!原来传统能给予我们的温暖和智慧远远超乎我们的狭隘想象。很多数学教学领域的专家学者相继梳理了我们数学教学中诸多优秀传统,例如张奠宙先生在《究竟什么是中国数学教育的优良传统》中指出——用一句话来概括中国数学教育的特色,那就是:"在良好的数学基础上谋求学生的数学发展。"这里的"数学基础",其内涵就是三大数学能力:数学运算能力、空间想象能力、逻辑思维能力;这里的"数学发展"是指:提高用数学思想方法分析问题和解决问题的能力,促进学生在德智体各方面的全面发展。张奠宙先生归纳出中国数学教育存在注重"导入"环节、尝试教育、师班互动、解题变式演练、"熟能生巧"以及最终指向"双基教学"的六大特征。这些优良传统是非常宝贵的财富,需要今天的我们很好地认识与继承。

这样的"拨乱反正"和深度探索又持续了十年,新课改进入"核心素养"

时代。很多成熟起来的理念和做法催生了新一轮的课标修订和教材更新。

  需要指出的是,在我们的传统教育思想中,继承与创新并非一对水火不容的矛盾。孔子云:温故而知新,举一反三。而墨子、荀子乃至后世像王夫之、颜元等的教育思想也蕴含着丰富的对创新的推崇……与西方锋芒毕露的"创造"相比,我们的祖先更深入地认识到创造的前提是很好地继承,基于传统的创造才真正有价值、才会常新;也正是出于对传统的深刻体认,我们的创新显得水到渠成、温和、有底气,很少出现断层或混乱。(也许从这一层面可以说明为什么中华文明能够历经五千年而不断)继承与发展应该是教育和教学的必然路径。

  最后,让我们回到计算教学的论题。为未来奠基无疑是小学计算教学的目标和责任,而奠定什么样的基础,则需要我们抛却狭隘的教学观,我们的目光不能囿于基础知识和基本技能,还应该关照学生未来发展的核心素养。

6　再涉课堂

《三体》中，人类在三体危机后二百年技术进步、社会繁荣，新生人类都是"点墙的"，全息影像到处都是，上网电子屏随手可及。而实际情况如何？科学理论研究被牢牢锁死，技术达到极限后只是在原有水平上花样翻新，根本没有实质性进步。看似坚不可摧的地球舰队3000艘星际战舰在三体世界一枚小小的探测器攻击下不到1小时灰飞烟灭。万物同理，课堂教学中我们要分清教学手段和教学目的，比如眼下最热门的教育信息技术只是促进教学的手段，不是目的，不是最根本、最关键的核心问题，教学不可本末倒置。

有趣的是，三体人的脑电波足够强以至于能够直接交流，不同于地球人需借助语言等工具，他们的"想"就是"说"。小说中，地球人因此具备了对三体人的谋略优势。那么，三体人的教学呢？一定不会像我们这样需要想方设法"说出想法"，他们具有天生的"思维外显"，交流的直接也可以推断其教学的简易，因为从某种意义上说，教学就是一种交流。人类思维不可直接交流的特点，也使得我们的教学需要格外注重教学方法，循循善诱。

要想抓住课堂教学的关键，提高课堂教学的效果，就得开展课堂教学的研究。

6.1 李培芳"好玩的计算课——三位数乘两位数"教学实录与评析

经过漫长的"疫情期"和"后疫情期",笔者重拾起因紧张的"线上教学"和"线上线下转化"而搁置一年之久的专题研究。恰好此时,第十二届上海悦远小学数学"创意课程与教学"研讨会在广东东莞举办,工作室网购了此次活动的U盘。拿到U盘后看到包装盒上印有课程目录,一眼发现有一节《三位数乘两位数》,执教名师是李培芳。那一刻,倍感亲切,因为李老师与笔者认识,曾经一同参加过教研活动,他的数学课很棒。

那么,这节课是否体现着李老师课堂之前给笔者的"融合通达"的印象?是否如笔者所猜想的那样将教学落脚在算法的"通融"上?如果是这样,又是通过怎样的教学活动来达成的?……带着诸多问题,笔者开启了本次观课议课之旅。

【教学实录与评析】

一、计算

师(指课前写好的课题):同学们,今天我们要上一节计算课,这节课能不能好玩要看我们上完课之后的感受,到时候我再请教大家。我们是四年级,刚刚学完三位数乘两位数,会做吗?我出道题,看大家正确率能不能100%?拿出本子来列出竖式。

学生计算。

师:写完同桌核对答案,谁愿意上台来写?

师(指生1):请你上来,你说我来写。先算什么?

生1:先算 $3\times2=6$。

师(边圈边问):也就是说先用个位上的2去乘123对不对?

生1:对!

师(边写边问):二三得六,然后呢?

生1:2×2 得4,然后 $1\times2=2$。

师(写好竖式),问全体学生:有问题吗?(见图6-1)

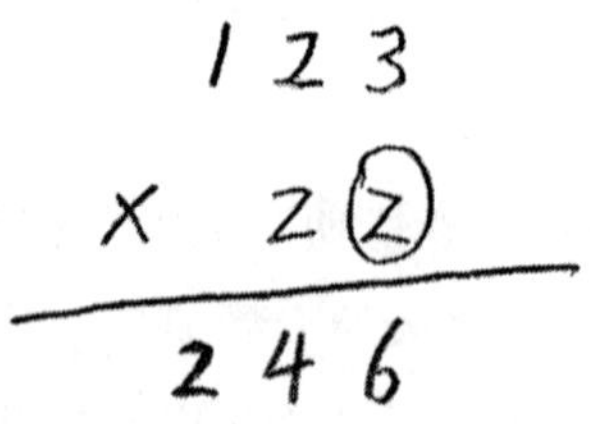

$$\begin{array}{r} 123 \\ \times\ 2② \\ \hline 246 \end{array}$$

图6-1　笔算第一步 123×2

生:没问题。

师:然后呢?

生1:再用十位上的2乘123,$2 \times 3 = 6$……

师随手记录(见图6-2):

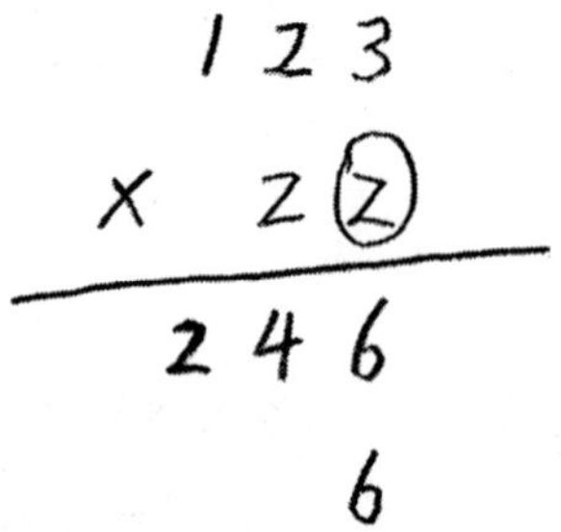

$$\begin{array}{r} 123 \\ \times\ 2② \\ \hline 246 \\ 6 \end{array}$$

图6-2　笔算第二步 123×20 积的位置

生1:不能写在个位,应该写在4下面。

师:为什么?

生1:因为它是"十",不是那个"一"。2代表两个十,而个位上是一。

师(面向全体):有问题吗?她说得对吗?

生:对。

师:这个大家好像学得很扎实,因为这个2不是2了,而是什么?对,所以20乘3的结果就不是6,而是……

生:60。

师(边改写边强调):这是个关键,20乘3的结果不是6,而是60,所以6

写在十位上。(在6后面补0)这个0写吗?

生:不用写!(师擦去0)

生1:我们再算2×2=4,4写在那个2下面,再算1×2=2……(师生共同完成笔算,见图6-3)

$$\begin{array}{r} 123 \\ \times\ 2\textcircled{2} \\ \hline 246 \\ 246\ \ \\ \hline 2706 \end{array}$$

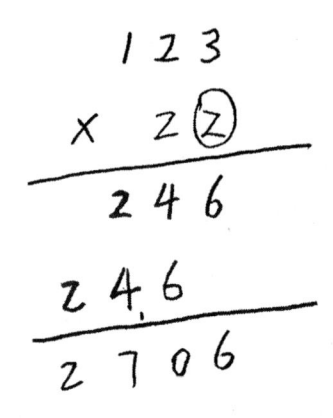

图6-3 完整笔算

师:是这个答案的请举手(全班齐刷刷举手)。这是三位数乘两位数,我们会算了,为什么会算?因为我们知道它算的方法,用比较规范的词语来总结就是:我们知道了计算的法则(板书:法)。谁能告诉我三位数乘两位数的法则是什么?

(等一会后只见一两位学生举手)师:其实问法则是什么,是在问两个问题,第一个问题,分几步算?(板书:分几步)我们先来回答第一个问题,谁能说呢?

生2(上台指竖式说):我们认为分三步算,第一步是先用22的个位去乘123。

师:第一步结果在哪里?

生2:在这里,246。

师:对,246就是用2×123得来的(板书),然后呢?

生2:再用20乘123,得到2460。

师:对,这个是2460。(接着板书,见图6-4)

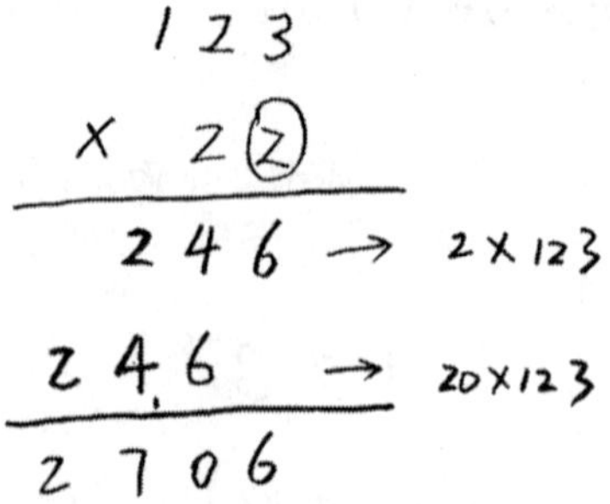

三位数乘两位数计算教学研究

$$
\begin{array}{r}
123 \\
\times\ 2\,\textcircled{2} \\
\hline
246 \\
246 \\
\hline
2706
\end{array}
\quad
\begin{array}{l}
\rightarrow 2\times 123 \\
\\
\rightarrow 20\times 123
\end{array}
$$

图 6-4　笔算每一步的算理

生 2：然后再把它们两个加起来，得到的是 22×123 的结果（指 2706）。

师：讲得怎么样？（全班鼓掌）太好了！刚刚她说的分几步，可以用四个字概括，我写一下，看你能认可吗？（板书先分后合，再指着竖式解释）先分开算 2×123，再算 20×123，再把两部分积合起来。读一下（生齐读：先分后合），是不是这样的方法？回答法则除了分几步，还要说注意些什么（板书：注意）。谁上来指给大家看？最应该注意的点是什么？或者，最容易错的地方在哪里？

生 3（上台指竖式说）：我觉得最应该注意的是这个 6 不能写到个位。

师：对，这个 6 不是 6，这个 6 是什么？

生：是 60！

师：也就是用十位上的数去乘，得到的积应该跟……

生 3：跟十位对齐。

师：个位去乘就跟个位对齐，十位去乘就跟十位对齐。这是不是注意事项？

生：是。

师：在回答法则的时候你会感到疑惑，到底要回答什么？那你这样来想就不难了，先回答分了几步，先算什么后算什么，还要回答注意什么。这样我们就能完成一个题目的运算，不会出错。

评析：这段教学是李老师在借班学生已经学过三位数乘两位数的基础上进行的，所以更多放手给学生计算和言说。我们需要注意的是：

①即便学生已经学过,李老师在交流计算过程环节仍然舍得给足时间,让学生充分言说计算的步骤和方法,吃透算理;

②即便是没有学过本课的学生,这个设计也是基本适用的,需要微调的只是把学生计算123×22,变成学生试算123×22,然后可能会借助错例来引导学生间的评价与讨论,基本的思路不用变动;

③这节课最大的新意是教会学生怎么说计算法则,这有点类似于学生对算法的"元认知",已经超越了一般教学中"说清楚怎么算"的目标,进而帮助学生厘清"如何说清怎么算"。即不仅引导学生学会算法,还引导他们明白对算法的学法,而且这种引导自然简洁,这恰是本节课高明的地方。

二、延伸

师:学过三位数乘两位数后,接下来要学什么?

生4:可能会学三位数乘三位数或者三位数除以两位数。

师:可能会学除法,也可能学更复杂的乘法,大家都想到了,对,可能会学习三位数乘三位数,也可能学四位数乘两位数。

生5:可能学四位数乘三位数。

师板书一道四位数乘三位数(见图6-5):但是我要告诉大家,不是的,学完三位数乘两位数,书就没有再往下编了。大家想一想,为什么会这样?

$$
\begin{array}{r}
1234 \\
\times\ 222 \\
\hline
\end{array}
$$

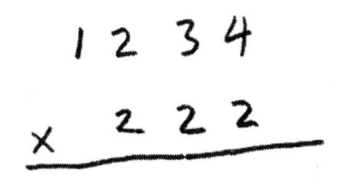

图6-5 尝试笔算1234×222

(思考10多秒)生6:因为只是数位多了几位数而已。

生7:因为太难算了。

师:也是一种很清奇的想法哦!

生8:它想让我们自己思考。

师:有没有想法?

>> 三位数乘两位数计算教学研究

生9：我有两种想法，一种是那些太简单了，我们可以从三位数乘两位数推断出来；第二种是有可能书的内存不够了。

师：哈哈哈，这个想法特别好！

生10：我认为，因为我们已经学会了方法，学会怎么去计算它了，后面其他不管增加多少位数，它的方法都是一样的，原理也是一样的。

师：好，刚才大家说得特别好。更多的同学认为，这些学完了就不必再学了(板书：学→不必学)。为什么不必学？

生：因为方法是一样的。

师：真的不学就会吗？我们试试看，好不好？已经有同学动笔了。

学生笔算1234×222，师巡视。

师：谁愿意上来说？（指一生上台）

师（发现有学生没写完）：没写完也是对的，快容易错。（提醒上台汇报的学生）我们再等等哈！（对身边一位男生）是乘法，你算成除法了。（对上台的男生）你说，我来写。好，大家看过来！

生11：有了法则，我们可以继续。首先还是拿末尾的乘……

师（边纠正边圈写）：个位上的2。

生11：拿个位上的2乘1234，得出了二四得八，二三得六，二二得四，一二得二。

师（问全体同学）：有问题吗？

生：没问题！

生11：接下来还是拿十位的2去乘，二四得八.

师：写哪？你指给同学们看。

生指，师：对，十位上的2去乘就跟十位对齐。接下来？

生11：二三得六，二二得四，一二得二。再用百位上的2去乘，得8,2再乘3得6，再乘2得4，再乘1得2……

师生共同完成笔算，得到结果273948（见图6-6）。

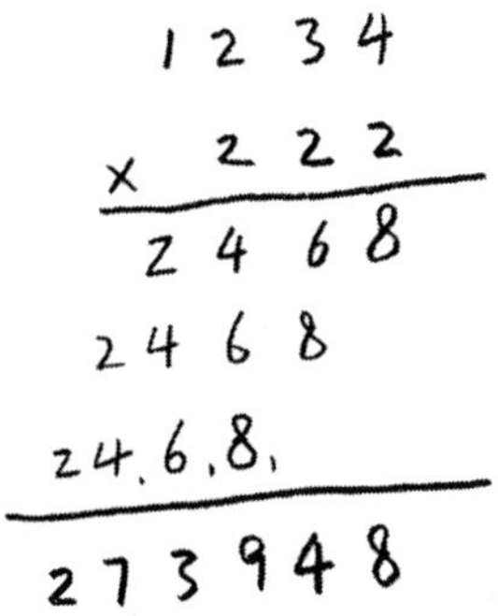

6 再涉课堂

$$\begin{array}{r} 1234 \\ \times\ 222 \\ \hline 2468 \\ 2468 \\ 2468 \\ \hline 273948 \end{array}$$

图 6-6　完整笔算 1234×222

师：谢谢，请回。这个答案对吗？

生：验算！

师：我们有一个神器，请看——(出示计算器)咱一起来验算。

教师计算器验算，全体观察见证。见结果完全一样，学生们欢呼起来！

师：为什么能对？

生 12：因为我们用的方法对了。

师：为什么用了这个方法就能对？因为这个方法有道理。(板书：理)这个方法不是乱编的，是有道理的，谁能讲出这个道理吗？其实不难，我们来看看，(指竖式)这个 2468 是怎么来的？

生：2×1234 得来的。

师：也就是它算的是 2 个 1234，(指第二行)这个算的是什么？

生：20 个 1234。

师(指第三行)：这又算的是什么？

生：200 个 1234。

师：那我们要算的是 222 个 1234，这样加起来为什么就可以了？

生 13：因为 2 个加 20 个加 200 个就是 222 个了。

师：你看你看，这不是明摆着吗？2 个加 20 个再加 200 个，总共几个？肯定是 222 个 1234(完成板书，见图 6-7)。所以，为什么这样的方法能对呢？因为这样的方法是有道理的，这个道理是什么？老师也用四个字总结，这个方法很巧妙，(板书：化整为零)来，读一遍。就是 222 个我觉得很难算，算不

123

>> **三位数乘两位数计算教学研究**

来,我就把它分成 2 个、20 个、200 个,加起来,是不是这个道理啊?谁理解了这四个字,谁愿意讲一讲?

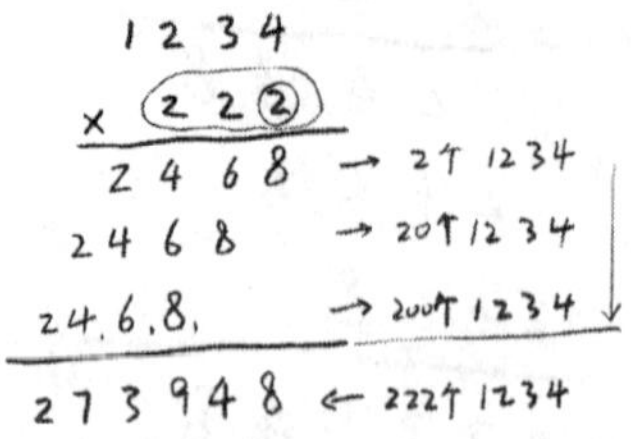

```
    1 2 3 4
  ×  2 2 2
   2 4 6 8    → 2个1234
  2 4 6 8     → 20个1234
 2 4 6 8      → 200个1234
 ─────────
 2 7 3 9 4 8  ← 222个1234
```

图 6-7　笔算 1234×222 的算理

生 14 上台指着说:222 个很难算,就把它分成 2 个 1234、20 个 1234 和 200 个 1234,就能算出来。

师:说得非常好!为什么用同样的方法算出来就能对呢?因为这个方法讲道理啊!这是个什么道理呢?化整为零的道理!那么,接下来还需要学五位数乘两位数吗?还需要学五位数乘三位数吗?因为我们已经有什么?对,因为已经有了法则,而这个法则是靠谱的,为什么靠谱?因为它讲道理。所以不用再学了,有一句话说,教是为了不教,什么意思?就是教是为了不用再教了,学是为了不用再学了,我们自己就会,这是最了不起的。

评析:

先说优点——

①这节课给笔者一个很强烈的感受,就是这是一节非常有"嚼头"的数学课。李老师对这节课挖掘很深,立意也很好,尤其是厘清了算法和算理,并打通了两者之间的联系。

②在算法与算理的关系处理上本课有独到的做法。我们知道实际来说法理是一体的不可分的,很多教学也是不可分的,但是这种不可分的混沌状态并不利于学生理解与感悟。这节课非常明显地将法与理分开教学,先法后理;而且不是在同一个问题而是分两个递进的问题来铺展,即三位数乘两位数计算重点教学"先分后合"的算法,四位数乘三位数计算重点教学"化整为零"的算理。这样做有缓冲空间,更有利于学生接受与消化;这样做有联系的需求,更有利于学生融会贯通整体理解。

③计算器的引入很自然,出于对多位数计算的验算需要。计算器计算是我们绕不开的一个问题,甚至有观点认为学生不必学会计算机可以代替的计算,计算能力在未来的个人素养中不是必备的也不是重要的技能。本课的教学暗含着这样一种思考:计算教学不仅仅是培养学生的计算能力,而是通过计算这个载体习得更重要的算法思想和整体的联系的思维品质,$1234×222$ 的计算可以交由机器代劳,但是分而算之、化整为零的思想方法和问题解决的经验却不可以由机器帮助我们获得;本环节引入计算器,也为练习环节计算器按键故障的解决做好了铺垫。

再说问题——

①本课计算数据比较有特色,显然是特意设计的。数据的特点至少有两点:数据偏小和数据雷同。数据偏小则避免了进位,数据雷同则大大提高正确率,两个特点都是在简化计算、降低难度,试图把本环节的教学重点聚焦到"算法"而不是"算"本身。

这样的设计初衷当然是有道理、有效果的,从课堂计算正确率看非常理想。笔者之前做过本节课的学习前测,发现相当比例的计算错误不是因为算法而是因为进位导致。但是,问题也来了,既然实际计算并非如此单纯,相比于不进位,进位才是常态,相对于数字重复,数字随机不同才是常态,一味避开常态的计算"雷区",人为地为学生营造一个单纯的简单的安全的计算"伊甸园"真的好吗?

就算这是为了聚焦算法学习,那么,难道进位和数据随机不在算法涵盖之内吗?更何况进位还是一个计算难点!

可能有人会说,像进位这样计算的复杂性问题交给计算机吧,我们只要学习算法、理解算理、感悟思想就好。这样说听起来不错的样子,但是其前提是乘法的进位计算不具有教学价值或价值较低,或者说进位算法里没有什么好的算理和思想值得我们来学习。实际情况是这样的吗?显然不是的。进位本身就是我们所有计算的基础之一,在笔者看来,计算方法源于计数方法,也就是说,之所以我们要有"满十进一"的算法,是因为我们沿用的是"满十进一"的计数法,我们用的十进位值制计数法决定了我们的计算

三位数乘两位数计算教学研究

算法。

当然,这样的设计是李老师权衡取舍后的一种选择,无可厚非,课堂本身就是执教教师的一种教学选择。以上只是表达了笔者个人的一些想法。

②四位数乘三位数计算过程的呈现是在师生互动中完成的,即学生说步骤和方法,老师记下过程,中间会有老师的提问。可以说,这些提问都是关键性问题,有助于学生理解和注意计算的要点。比如,说到第二步,学生说"拿十位的2去乘,二四得八"后,老师立即追问:"写哪?"从而强调"十位上的2去乘就跟十位对齐";但是到第三步那个"二四得八",老师却自顾自写好,没作任何追问和停留。

那么,让我们想一想,这两处哪一个更应该停下来追问?笔者认为是第三步的地方更应该追问,因为第二步十位上的数去乘第一个因数的情况其实在三位数乘两位数笔算时已经遇到过,并不是什么新问题,唯一不同的只是第一个因数由三位数变成了四位数,这里可以问,以示强调和注意,也可以不问,学生能够自主迁移;第三步是百位上的数去乘第一个因数,算出来的不是多少个"一",也不是多少个"十",而是多少个"百",所以需要追问学生那个8写在哪里是对的,从而引起学生的注意,便于学生掌握算法和理解算理。

这些是细节问题,一些关键性细节是需要我们格外关注的。

③最后说一下本环节的一个最关键的问题,如何引导学生理解算理?

首先来看本节课是怎么做的,李老师分三步走,第一步引导学生认识到多位数乘法与前面计算方法一样,第二步通过实际计算和验算证明这样算是对的,第三步通过追问为什么按照这样的方法算就会算对而引出算理。显然,第三步很重要,问题也出在第三步。

说算理的环节老师显得有些着急,多次重复问题,多次抢白学生。对"为什么用这个方法就能对?""这个道理是什么?"这样的核心问题,基本都是老师自问自答,牵引的痕迹过重。究其原因可能是老师认为这些问题放手给学生会不容易收回,认为学生可能对这样的问题回答起来有难度。

的确,这些问题"不简单",有些绕。比如,"为什么用这个方法就能对?"

这个问题一般情况下学生会怎么回答？这个方法是对的呗！用对方法不就能对吗？！其实老师是想问:这个方法为什么是对的？

如果我们换一种问法呢？直接一点不好吗？就问:大家看,这样先分后合就能得到正确的结果,为什么可以这样算？理由是什么？相信这个班级的学生一定可以将算理说出来,教师在学生言说基础上加以归纳即可。

三、练习

1.游乐园

师:好了,接下来我们可以去几个好玩的地方(出示课件,显示游乐园、古埃及、争第一、读心术等练习入口)。先到游乐园去,好不好？

生:好！

师点开"游乐园",出示:游乐园每人票价267元,一个旅游团有21名游客,应交多少钱？

师:你会算吗？

生:会！

师:请你算出来。尽管大家有抱怨,但脸上有笑容就好。

学生计算,师:算完了吗？得算对啊。再检验一下,只有一次机会。谁愿意报一下自己的结果？

生15:我算出的结果是5607。

师:一样的举个手。我们来看电脑给的答案(出示竖式笔算过程与结果)。

生:耶！

师:但是游乐园真正的问题不是这个,真正的问题是,售票员不可能拿笔算的,他就是拿计算器算。但是现在出现一个问题,计算器的"1"按键坏了,能不能用上今天的方法,先分后合,化整为零,用这个坏的计算器把正确答案给按出来？

生16(举手并大声说出方法):267乘7再乘3。

师:这是一个方法,请四人小组讨论一下。

学生分组讨论,师巡视。

三位数乘两位数计算教学研究

师:谁先来说?

生16重复了刚才的方法,师:这是一种方法,可不可以?还有没有不一样的?

生17:把21拆成20和1,267乘20得5340,再加267,得到5607。

师:对,这就是先分后合,把21化整为零分成20个267和1个267,对吧?还有别的方法吗?

生18:先把267分成三份,每份89……(意识到不妥,停住,笑,摇头)

师:你把267分了,然后呢?哦,是"1"坏了,不是其他。他自己发现了有调整,同学们,我们为什么要交流呢?你们看,他说着说着自己就发现了有点问题,这也是一种进步,一种学习,一种自我调整,我们把掌声给他!

生19:可以把1拆成0.5和0.5。

师:其实1就不用拆了,1×267就不用算了,直接按267。

2.古埃及

师点开"古埃及",介绍"倍乘法":古埃及的数学家没有计算器,也没有发明出这种好用的竖式,但是他们想到了一种好算的方法,他们要算的是112×13,我们先算一下!

生笔算,报得数:1456。

师:可是古埃及没有我们的笔算方法,来看看他们是怎么算的。

课件演示:

112×1　　　112
　　$\times 2$　　　224
　　$\times 4$　　　448
　　$\times 8$　　　896

师:好,下一个步骤做什么?

生:加起来。

师:全部加起来吗?你想一想,要乘13,古埃及人该怎么做?

等待,有生底下小声说:112+448+896就可以了。师:好,再给其他同学思考的时间。

生20:112×2的积224加上×4的积448,再加×8的积(上台后有点蒙)。

师:这样是14个112,我们要13个。(本来是提醒这样不对,突然有发现,拉住转身往回走的生20)但是,这个思路对头了,非常好!

生20:14个112再减1个。

师:我怀疑她来自古埃及咦!还有没有更简便的?

生21:2个的和8个的加起来。

师:10个!然后呢?

生21:再(加)4个的,再减1个的。

师:呵呵,好像差不多,14个再减1个。方法也很好。

生22:8个加4个,然后再加1个。

生:对!

师课件出示:112+448+896=1456,这样是不是更快一些?掌声!虽然前面的同学复杂一些,其实思维是一样的,方法是一致的。

生20(非常遗憾地大笑):我本来想的就是896+448+112,但是上去说错了!

师:哦,她本来想法是好的,结果上去就说成那样了。真可怜,掌声安慰一下!这很正常,我们有时候瞬间的灵感非常好,过一会就忘了,所以有灵感请动笔把它记下来。

3.读心术

师点开"读心术",出示:读心"数"(见图6-8)。

见证奇迹:读心"数"

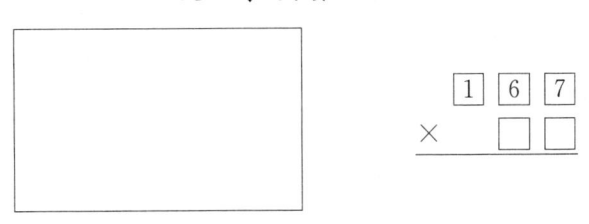

图6-8 读心"数"

师:这是老师要变的一个魔术,前提是你别算错,你算错了我就没法变。

>> 三位数乘两位数计算教学研究

你们能不能答应我不要故意算错?好的,谢谢!请大家写下这样的算式,167乘一个两位数,两位数写什么,不要告诉我,我准备把它猜出来。同桌商量好,写一个相同的两位数,分别计算出结果。算完后两人核对一下答案,如果你对答案没有信心,可以用计算器验算。接下来就是见证奇迹的时刻,你只要报得数后两位,我就可以猜出这个两位数。

生23:11。

师:哇,这个太难啦,11呀,是不是33?

生23:是的!

生:哇!

生24:93。

师:79!

生:哇!

生25:96。

师:78,哦哦,88!

生26:33。

师:刚才不是有个说33,应该是99吗?最后一位!

生27:89。

师:89? 67!

生:哇!

师:想知道这个魔术怎么变吗?请拿出笔来,请写下几个字:《数学花园漫游记》,就在这本书里。自己去看吧!我说出来多没意思啊,自己去看。

4.争第一

师点开"争第一",出示活动要求(见图6-9)。

争第一:寻找最大的积

在框中填入2,3,4,5,6,比一比,谁的积最大?

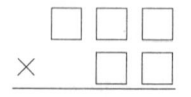

□□□
× □□

图6-9 寻找最大的积

6 再涉课堂

师:先想再写哦。

生28:数字可以重复吗?

师:不可以重复,所有的数都要填进去。

师:想好了再填,只有一次机会。

学生想、填、算,汇报。

师:超过30000的举手(很多学生举手),超过31000的举手(仍有很多学生举手),超过32000的举手(有不少),超过33000的举手(仍有不少),超过34000的举手(还是有不少),你们真举手啊?超过35000的举手(有几个),你骗人!(指一个举手最高的)你上来,写的是什么?

生29:我先写大的,把6写在百位上,再把5写在下面,6后面写上4,5后面写3,2在4后面。(师记录:642×53)

师:好!为这个同学鼓掌!他是有思考方法的,不是乱写的。问题是这个超过35000吗?计算器按一下。

生:没有!

生29:我算错了。

师:超过35000的举手,又有人举手。根本没有,你算错了。来,老师来公布第一名,第一名的答案是34146,对的举手。请写下这样的算式:63×542,这是科学上证明最大的,难道你有更大的吗?你要推翻吗?为什么我们写的不够大?让我们回到刚才这位同学的写法,他是有方法的。看来这个题有点难。

5.不一样的想法

师:最后,让我们来思考一个不一样的问题(课件出示图6-10),这个问题,你有什么想法?

```
0为什么不写?        1 2 3 4
                 ×   2 2 2
                   2 4 6 8
                 2 4 6 8 0
               2 4 6 8 0 0
               2 7 3 9 4 8
```

图6-10 0为什么不写?

生30：因为个位上，8加0等于8，加上这两个0还是等于8。十位上，6加8加0的这个0是不用看的，因为不用算这个0还是14，进1写4。

师：写不写，答案都一样。

生31：我有两种想法，第一种是太麻烦了，第二种是算了还是这样。

师：我特别欣赏这位同学，她站起来都是说我有几种想法，掌声给这样的孩子！她思考问题不是只有一种想法，总要想我是不是有不同的想法，我们现在要的就是不同的想法。我们把问题改一下（课件出示图6-11），0不写有什么好处？只是省时间吗？

```
0为什么不写？       1 2 3 4
                ×    2 2 2
                ─────────
                    2 4 6 8
                  2 4 6 8
                2 4 6 8
                ─────────
                2 7 3 9 4 8
```

图6-11 凸显数位对齐

生32：0不写，结果看上去都是2468。

师：我有个想法，可以说吗？当0不写的时候，我们的这个注意点就好记了，我们当初的注意点是什么？个位乘就跟个位对齐，十位乘就跟十位对齐，百位乘就跟百位对齐；如果写了0，会发现十位乘没有跟十位对齐。所以0不写，能让法则的注意点更简单、更方便，这样就让那些不懂法则背后道理的人也会算。

四、结课

师：同学们，这节课好玩吗？为什么好玩？因为我们想的问题很多都不是书本上的，你想那"古埃及"是书本上的吗？"读心术"是书本上的吗？那是《数学花园漫游记》里面的，所以李老师有一句话跟大家分享：读书，绝不只是读学校发下来的书。同意吗？读数学，也不只是读学校发下来的数学书，在数学书之外，还有很多很多好玩的数学，等着大家去阅读。下课！

评析：

本课练习很有设计感，简单说有如下特点：

①形式多样,寓"算"于乐。李老师设置了"游乐园""古埃及""读心术""争第一"等练习情境,形式多变,富有趣味,让计算练习不再枯燥乏味。

②紧扣算法,重在算理。这些练习不只是多算几道题,熟悉一下计算;更是强化"先分后合"的算法、突出"化整为零"的算理,比如计算器按键坏了、古埃及人算乘法等设计。

③设置悬念,指向阅读。神奇的"读心术"、神秘的最大积,这些无疑像一个个巨大的问号高悬在学生的心头,以莫大的吸引力诱使他们去探索,去求解,去阅读。曾几何时,"得阅读者得天下"已成社会共识,但是数学阅读仍然不尽如人意,数学教师有意识地引导学生开展数学阅读是非常有意义的事情,这也是本节课练习和结语的目的之一。

沿着以上思路,练习的最后,"0为什么不写?"完全可以不在课内提供解答,而是出示图6-11后就可结束,留给学生课后思考,一来不会拖堂,二来更有深意。

综上所述,这节课确实有"通融"之意,实乃"通融课堂"。

6.2 "三位数乘两位数"线上教学录制脚本

一、复习引入

师:同学们好!欢迎来到陈老师的空中课堂,先给大家介绍两个新朋友,猴小年和马小月(见图6-12)!希望今天咱们一起度过愉快的学习时光!

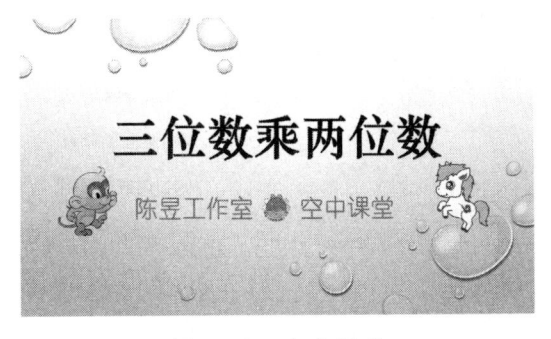

图6-12 空中课堂

三位数乘两位数计算教学研究

师(出示图6-13)：咦？这是哪里？你知道吗？对！这是咱们生活的县城上派，这几年加快了美好城市建设，出现了很多公园，我们的生活环境正在变得越来越美丽！吃水不忘挖井人，在美好县城的建设中，许许多多工人师傅付出了辛勤劳动，今天咱们的课就从修路师傅的故事开始……

图 6-13　情境引入

师(出示图6-14)：在公园的林间小路上，工人师傅正在铺地砖，每块地砖都是像这样边长1分米的正方形，沿着一条小路的宽，每行正好可以铺满16块地砖，张师傅铺了28行时突然天下雨了，他不得不停止工作提前下班。好了，故事听到这里，你能提出一个数学问题吗？请按下暂停键，提出你的问题后再继续。

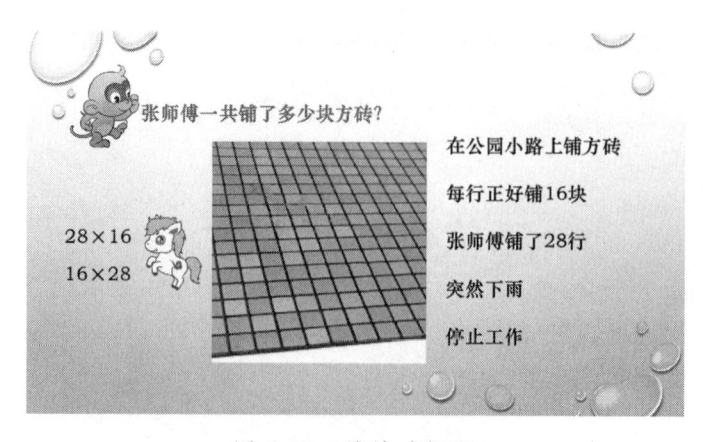

图 6-14　铺地砖问题

6 再涉课堂

师：怎么样，你提出了什么数学问题？等一等，我们的新朋友猴小年有话要说——

猴小年：我有个问题，张师傅一共铺了多少块地砖？

师：你也想到这个问题了吗？你会解决这个问题吗？

马小月：这个简单，每行16块，铺了28行，用28×16或16×28就能算出来！

师：马小月说得对吗？你会计算这样的乘法吗？拿出纸笔算一算吧！请按下暂停键，算出结果后再继续。

师：相信你已经有了结果，让我们一起来看一看，沿着小路的宽，一行可以铺16块方砖，张师傅铺了28行，一共铺了多少块？竖着看有28个16，你看到了吗？我们也可以横着看，就成了每横行28块，有16横行，你也看到了吗？怎么算28×16呢？有的同学笔算，有的同学口算，都是可以的。先请你说说是怎么笔算或口算的，先算什么再算什么。

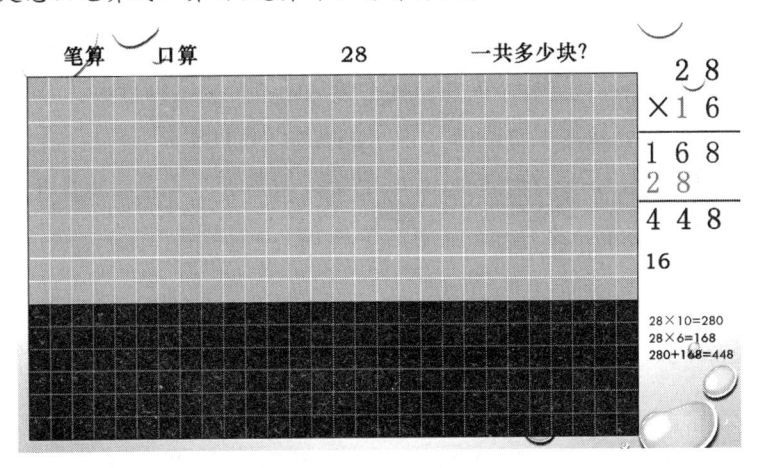

图 6-15 28×16 计算

师：好了，我们先看笔算，先算28乘个位数6，得168，这表示什么意思？一行28块，6行就是168块，表示的是6个28是多少；再算28乘十位上的1，得多少？对，得到28个10，也就是280，所以8要跟十位对齐，这是10个28；第三步，把168和280加起来，得到448，就是16个28。（如图6-15）你也是这样想的吗？

>> 三位数乘两位数计算教学研究

这是笔算,口算又是怎么算的呢?马小月说,口算方法有好几种!她就知道三种口算方法,一种是 $28×16=28×4×4=112×4=448$,还有一种是 $28×16=28×8×2=224×2=448$,但她最喜欢的是另外一种,先算 $28×10=280$,再算 $28×6=168$,最后算 $280+168=448$。你知道马小月为什么最喜欢这一种口算吗?那是因为这种口算跟笔算很相似,步骤差不多,只是顺序稍有不同。你也发现了吗?

二、新知探究

师:这些都是咱们以前学过的,谢谢同学们用学过的知识解决了张师傅铺砖的问题!铺路的故事还没有结束,下午,雨过天晴,李师傅接着铺路,他一口气铺了128行才停下来休息,请问:李师傅铺了多少块地砖?你会列式吗?

这一次,猴小年列的算式是 $128×16$,马小月列的算式是 $16×128$,都是对的。

观察这两道算式,跟以前学习的乘法有什么不同?是呀,这两道乘法算式中出现了三位数,这就是今天我们要来学习的三位数乘两位数。

你会口算吗?请按下暂停键,口算 $128×16$ 的积,完成后再继续!

师:好的,完成口算的同学,请看一下你的方法有没有出现在这里?(如图 6-16)如果你有不一样的好办法别忘了拍照上传,与同学们分享哦!

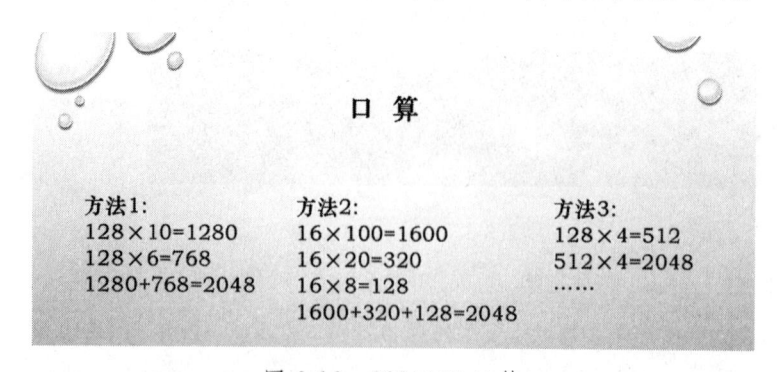

口 算

方法1:
$128×10=1280$
$128×6=768$
$1280+768=2048$

方法2:
$16×100=1600$
$16×20=320$
$16×8=128$
$1600+320+128=2048$

方法3:
$128×4=512$
$512×4=2048$
……

图 6-16　$128×16$ 口算

师:你会笔算 $128×16$ 和 $16×128$ 吗?请再次按下暂停键,注意要用两种不同的算法算一算。算完后拍照上传你的解答过程!可以请家人帮忙哦!

师:同学们算完了吗?猴小年早就完成啦!正着急要告诉大家自己的结果呢!(如图6-17)想一想:他算的对吗?为什么?有没有好的判断方法?说出来让猴小年心服口服!请按下暂停键,思考后将自己的方法反馈到群里,可以发语音,也可以打字。

图6-17 判断结果

师:同学们今天的表现非常棒!想出了这么多不同的判断方法,为你们点赞!到底正确答案是多少?下面我们来交流一下笔算方法。先看第一种,你是怎么算的?先算什么?再算什么?你能说一说吗?请按下暂停键,先自己说一说,完成后我们继续!

好了,128×16的笔算,先算128×6,得到768,这也是6个128;再算128乘十位上的1,得到128个十,所以8要与十位对齐,这是10个128;最后将两次计算的结果加起来,得到2048,就是16个128是多少。(如图6-18)你说对了吗?

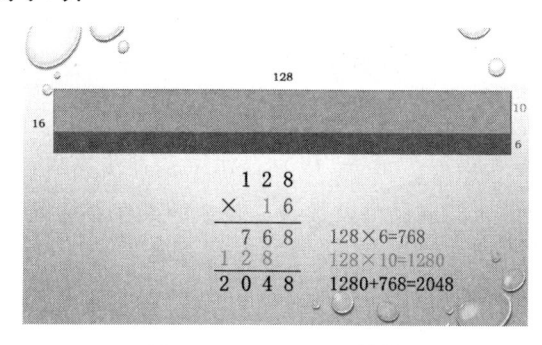

图6-18 128×16笔算

三位数乘两位数计算教学研究

再看第二种,你能像刚才这样说说笔算过程吗?赶紧按下暂停键说一说吧!

好了,相信你一定说得更棒了!16×128,先算16×8得到128,这是8个16;再算16乘十位上的2,得到32个十,2要和十位对齐,这是20个16;第三步算16乘百位上的1,得到16个百,6与百位对齐,这是100个16;最后把三次的乘积加起来,得到2048,是128个16。(如图6-19)

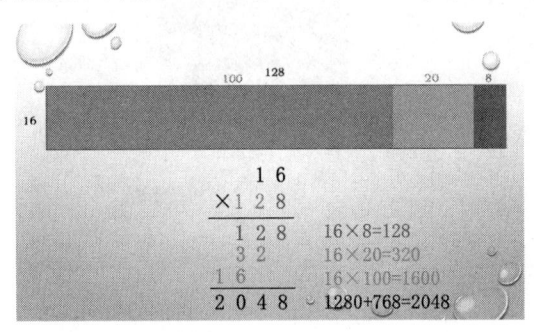

图6-19　16×128笔算

师:比较两种笔算(如图6-20),你更喜欢哪一种?为什么?请按下暂停键,认真地想一想,再将你的想法用语音在QQ群里上传!

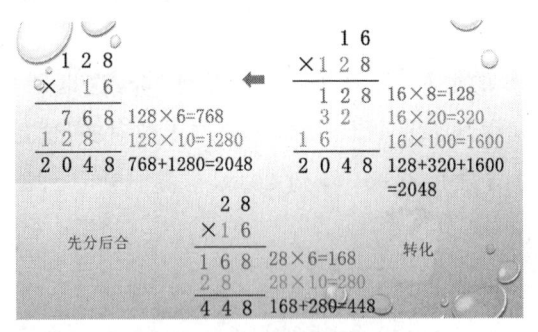

图6-20　算法比较

很多同学更喜欢第一种笔算,认为它比第二种步骤少一步,不容易出错,所以一般情况下人们遇到两位数乘三位数的乘法都喜欢把三位数放在竖式上面来笔算。

这些是笔算,还记得之前的口算吗?比较口算与笔算,你有什么发现?再请你按下暂停键,将自己的发现发到群里来!

爱动脑筋的同学已经发现,口算方法与笔算方法其实是相通的,甚至每一步都可以对应起来!

今天学习的笔算与之前学过的28×16笔算,也比较一下,你又有什么发现?请暂停本微课,将你的发现再次发到群里与同学们交流吧!

正如同学们所说,它们的算法其实是一样的,都是先分后合,将复杂的计算转化成简单的计算。

三、总结延伸

```
    8        128        28        128
  × 6       ×  6       ×16       × 16
   48        748       168        768
                        28        128
                       448       2048
```

今天你有哪些收获?

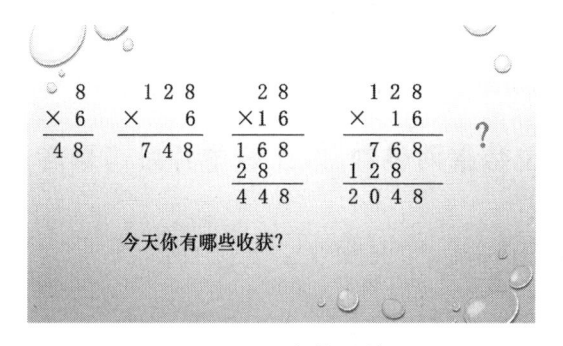

图 6-21　总结延伸

师:愉快的时光总是短暂的,今天的学习即将结束,今天你有哪些收获?(如图 6-21)这个可以在本次学习结束后好好总结一下。

现在回想一下,关于整数乘法,我们最开始的时候学习的是什么?对,是表内乘法,然后又学了什么?两、三位数乘一位数,再以后呢?就是两位数乘两位数,直到今天学习三位数乘两位数,那么以后会学习什么呢?猜一猜!告诉你们,估计大多数同学都会猜错,因为书上整数乘法编到三位数乘两位数就不再往后编了。你觉得这个合理吗?为什么就不编了?对于这个问题欢迎在群里留言。

师:今天的学习就到这里,最后留一个作业——是四小题的笔算,一定要在作业本上认真笔算哦,请完成后拍照私发给陈老师,不要在群里发。最后,陈老师温馨提示,千万当心两个作业雷区哦!一是数位对齐问题,一是进位问题,尤其是连续进位的时候,很多同学会出错哦!(如图6-22)记住了吗?

>> 三位数乘两位数计算教学研究

笔算：
134×12
237×82
47×176
36×425

作业要求：
1.在作业本上认真笔算；
2.完成后拍照私发陈老师。

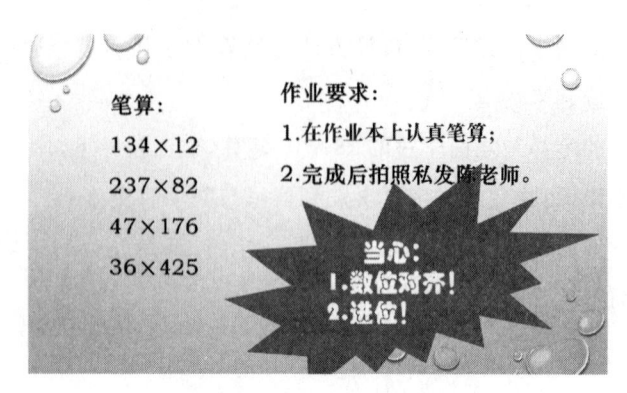

当心！
1.数位对齐！
2.进位！

图 6-22 作业

师：下课啦！期待你上传作业，同学们，再见！

6.3 "三位数乘两位数"线上教学片段与思考

时间：

2021年2月7日上午9：00

地点：

班级 QQ 群

参与人员：

学生：合肥市肥西县某小学 2017 级 6 班学生 32 名在线学习

家长：该班大部分学生家长

主教：陈昱（借班上课老师）

助教：徐芝英（该班数学老师）

准备：

1.主教老师录制好线上教学视频一个，16 分钟时长；

2.主教老师拟好"空中课堂开课通知"；

3.助教老师提前通知学生和家长开课时间、地点，并将"空中课堂开课通知"转发班级群；

4.学生和家长查看"空中课堂开课通知"，并做好相关准备；

5.双师分工：线上教学时，主教负责组织教学、与学生互动、评价指导学生活动；助教配合组织教学、收集学生上传的图片并分环节整理好等。

6 再涉课堂

附:空中课堂开课通知

尊敬的家长、亲爱的同学们:

大家好!本班将于2021年2月7日上午9:00在班级QQ群进行一次假期"空中课堂"线上学习活动,请同学们认真参与,请家长们给予支持和配合!谢谢!

请务必做到以下几点:

1.保证线上学习环境,有较好的网络,有台式或笔记本或平板电脑,手机(只有手机也可以);

2.当日9:00之前打开设备,进入班级QQ群;

3.准备好作业本、水笔(可擦笔更佳)、橡皮等文具;

4.学习过程中,及时将作业拍照上传到群里(家长可以帮忙操作);

5.观看微课学习的过程中,有多次暂停完成一些练习的活动,还要在班级群里参与互动,老师也会在群里实时指导和评价,所以最好准备"电脑+手机"或两部手机,一个用来学习微课,一个进QQ群互动;实在没有,就用同一个设备,做好窗口切换也行。

6.请家长当日8:20—8:50提前到群里下载微课,做好9:00观看微课同步学习的准备。

合肥市肥西县某小学2017级6班
2021年2月5日

【教学片段一】

师:你会口算吗?请按下暂停键,口算128×16的积,完成后再继续!

好的,完成口算的同学,请看一下你的方法有没有出现在这里?如果你有不一样的好办法别忘了拍照上传,与同学们分享哦!

【教学思考】

教学前测结果反馈该班学生计算方法比较单一,偏向笔算,而口算和估算的意识不强。这也是本环节引导学生先口算的设计意图之一,希望补足

>> 三位数乘两位数计算教学研究

笔算之外的计算方式,并且在放手让学生口算之后特别出示了常见的三种口算方法(如图 6-23),也是在具体方法上引导学生口算。

口算

方法1:
128×10=1280
128×6=768
1280+768=2048

方法2:
16×100=1600
16×20=320
16×8=128
1600+320+128=2048

方法3:
128×4=512
512×4=2048
……

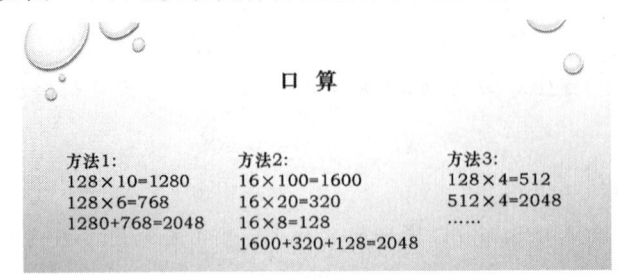

图 6-23　128×16 口算

线上教学中,"不一样的口算方法"只出现两例,其中图 6-24 的方法其实就是 PPT 中的方法 2,不过该学生"承上省略",只口算 100×16,直接将上面的 28×16 的口算结果拿来用,这也是一种问题解决的灵活性体现;图 6-25 中增加一个新方法:128×8=1024,1024×2=2048。没有出现较多较好的口算方法,与前测结果相符合。

图 6-24　学生 1 作品　　　　图 6-25　学生 2 作品

【教学片段二】

师:你会笔算吗?请再次按下暂停键,注意:要用两种不同的算法算一算;算完后拍照上传你的解答过程。可以请家人帮忙哦!

师:下面我们来交流一下笔算方法。先看第一种(如图 6-26),你是怎么算的?先算什么?再算什么?你能说一说吗?请按下暂停键,先自己说一说,完成后我们继续!

师:再看第二种(如图6-27),你能像刚才这样说一说笔算过程吗?赶紧按下暂停键说一说吧!

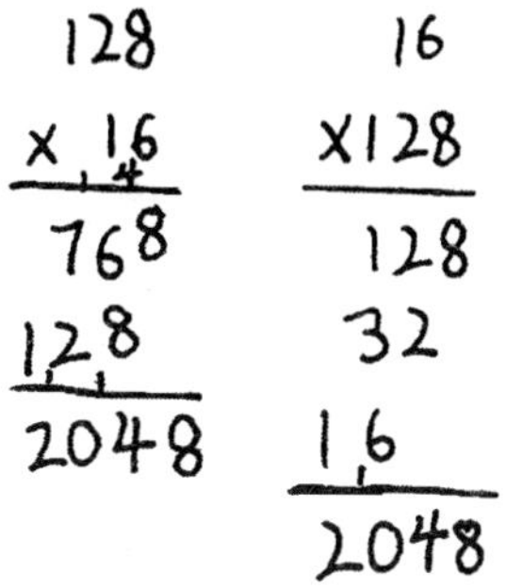

图 6-26　第一种笔算方法 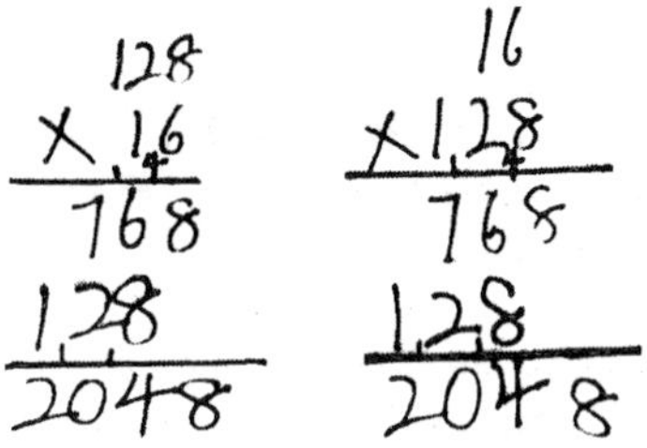　　　图 6-27　第二种笔算方法

【教学思考】

受学生家庭条件限制,本次线上教学没有采用直播室统一教学的方式,而是事先录好教学视频提前半小时发给家长下载,要求在统一时间同步学习。实际操作中有些家长会提前给孩子学习,也就是说这种线上教学的"同步性"不能确保。考虑实际需要和对学习效果影响较小就没有再调整线上教学方式。

从反馈的信息看,绝大多数同学都能用像第一种笔算方法那样来笔算,但是仍有极少数同学用第二种笔算方法来笔算。差异发生在第二种笔算上,不难看出,第二种笔算实际采用的是与第一种笔算完全一样的方法!这在前测中出现过,但是线上教学中出现的比例大幅下降,说明很多同学通过学习(这里可能是提前学习)有了改变。而之所以会出现使用第二种笔算方法的情况,可能是因为没有学习到视频中的方法或不喜欢这种方法,也可能因为没有提前学习视频,沿用了前测的自主计算方法。因此,要想较为准确地了解该班学生对第二种笔算方法的掌握情况,还需要看教学后测的结果。

至于"说说笔算过程",因为没有做反馈到群里的要求,所以只有少数学生有反馈。一般都是像图 6-28 中学生使用的语言或文字,也有像图 6-29 中这样的形式。有趣的是,图 6-29 中呈现的学生思维方法与通常的方法不太

> 三位数乘两位数计算教学研究

一样,比如第一种笔算过程,通常我们会说:先算 6 个 128,再算 10 个 128,得到 16 个 128;第二种笔算过程却是:先算 128 个 6,再算 128 个 10,得到 128 个 16。这也是对的。就如第二种笔算方法,也不能说不对,只是思路不一样。

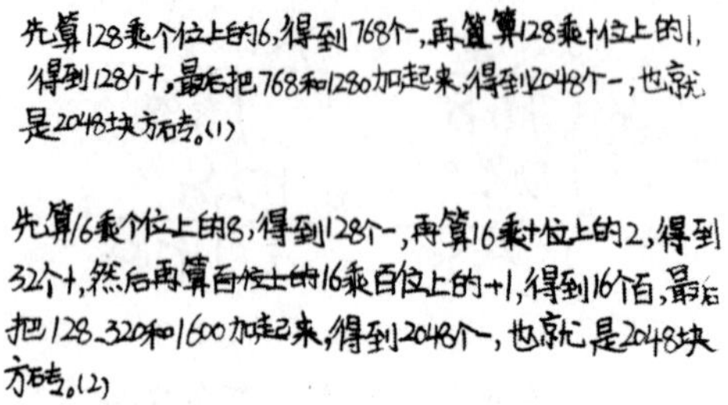

先算128乘个位上的6,得到768个,再算算128乘十位上的1,得到128个十,最后把768和1280加起来,得到2048个,也就是2048块方砖。(1)

先算16乘个位上的8,得到128个,再算16乘十位上的2,得到32个十,然后再算百位上的16乘百位上的十1,得到16佰,最后把128、320和1600加起来,得到2048个,也就是2048块方砖。(2)

```
128×16的意思:      128
                 ×  16
          768 → 128×6
          128 → 16×128×10
         2048 → 16×128×16
16×128的意思:
                   16
                 × 128
          128 → 16×8
          320 → 16×20
         1600 → 16×100
         2048 → 16×128
```

图 6-28 第一种笔算过程 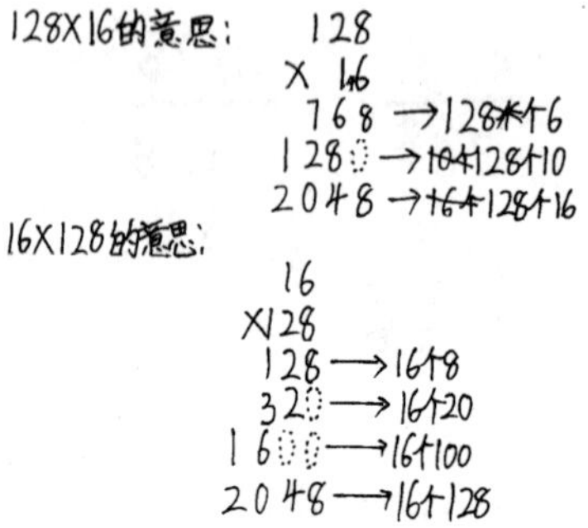   图 6-29 第二种笔算过程

这些与"常规方法""规范形式"不太一样的方法和形式,正说明学习在学生那里真正发生了。理解以后,这些学生可以逐渐采用较为规范的方法,这比没有真正理解的"人云亦云"珍贵。

【教学片段三】

师:同学们算完了吗?猴小年早就完成啦!正着急要告诉大家自己的结果呢!他说:我算好了!129×16 的结果不就是 10352 吗?!想一想:他算的对吗?为什么?有没有好的判断方法?说出来让猴小年心服口服呀!请按下暂停键,思考后将自己的方法反馈到群里,可以发语音,也可以打字。

【教学思考】

以上教学片段中,学生发表了各自不同的想法,梳理起来有四种:①通过验算来判断,验算方法也有不同,可以再乘一遍,也可以用除法验算;②看积的个位数字来判断;③利用估算圈定积的取值范围来判断;④猜测因计算中占位错误而出错,这种想法其实没有给出令人信服的判断方法,只是在判断"不对"基础上推测错因,至于"为什么不对",没有说清楚。

学生对本问题的回答,令笔者颇为意外,因为他们在前测中的表现,总体是计算方法比较单一、思维比较僵化。原本笔者的推测是,该班学生估算

144

和口算意识与能力均不足,所以设计本问题来引导学生利用估算等比较灵活的策略来判断。在原先的设计中,先是抛出问题,不作提示,完全放手看孩子们会怎样反应;然后再利用极少数学生的估算等灵活策略来引导全班学生。

在笔者的预设里,本问题的判断方法有:重新计算比较法;末尾数法;估算法;积的位数判断法;等等。

预设的教学过程是:抛出问题,学生自主思考—反馈,从重新计算开始—追问:如果不计算,能判断吗?引出其他判断方法—探究三位数乘两位数积的位数问题。实际教学时,因为不是直播室直播方式,学生的进度不一致,不好把控,所以最后一步"积的位数问题"没有探究,准备在后测反馈中加以引导,让学生课后探究。

本环节学生的表现给了笔者很大的启发:估算教学不是机械的,与其"教"学生去估算,不如创设合适的问题情境,使学生产生估算的需求,自主"用"估算来解决问题。一句话概括,对知识的自主应用是最好的学习。这个"最好"有两层意思:应用中学习是最好的学习方式;自主运用知识解决问题是知识学习的最好结果和最高层次。

如果把本环节的问题驱动式设计改成:你会估算 128×16 吗?或者,128×16 等于多少?先估一估。那就没有了上面的教学效果。

【教学片段四】

师:比较两种笔算(如图 6-30),你更喜欢哪一种?为什么?请按下暂停键,认真地想一想,再将你的想法用语音在QQ群里上传!

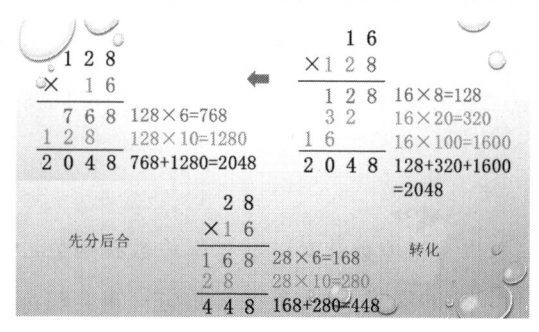

图 6-30 算法比较

三位数乘两位数计算教学研究

很多学生更喜欢第一种笔算,认为它比第二种步骤少一步,不容易出错,所以一般情况下人们遇到两位数乘三位数的乘法都喜欢把三位数放在竖式上面来笔算。

师:这些是笔算,还记得之前的口算吗?比较口算与笔算,你有什么发现?再请你按下暂停键,将自己的发现发到群里。

师:是呀,爱动脑筋的同学已经发现,口算方法与笔算方法其实是相通的,甚至每一步都可以对应起来!

今天学习的笔算与之前学过的28×16笔算,也比较一下,你又有什么发现?请暂停本微课,将你的发现再次发到群里与同学们交流吧!

生1:128×16比28×16多了百位上计算,方法差不多没有变。

生2:都是先用6去乘,再用十位上的1去乘,最后加起来。

师:正如同学们所说,它们的算法其实是一样的,都是先分后合,将复杂的计算转化成简单的计算。

师:愉快的时光总是短暂的,今天的学习即将结束,今天你有哪些收获?这个可以在本次学习结束后好好总结一下。

现在回想一下,关于整数乘法,我们最开始的时候学习的是什么?对,是表内乘法,然后又学了什么?两、三位数乘一位数,再以后呢?就是两位数乘两位数,直到今天学习三位数乘两位数,那么以后会学习什么呢?猜一猜!告诉你们,估计大多数同学都会猜错,因为书上整数乘法编到三位数乘两位数就不再往后编了。你觉得这个合理吗?为什么就不编了?对于这个问题欢迎在群里留言。

生3:因为这些计算都是有规律的,再复杂的计算也要按照规律来算。

生4:我们按照三位数乘两位数的方法来算就可以了,所以不用再一个一个地学习了。

【教学思考】

沟通笔算与口算以及三位数乘两位数与两位数乘两位数计算之间的联系,发现变化中保持不变的规律,从而最终在学生认知里初步建立整数乘法笔算的算法体系,这是本节课想要实现的教学目标。从线上有限的反馈来看,部分学生能够发现不同计算之间的联系,也能够对整数乘法的算法有整体的认知;为了进一步了解全体学生的学习效果,笔者设计了教学后测卷,弥补线上教学对学情掌握不够的不足,也为进一步优化教学提供数据依据。

6.4 合肥市肥西县某小学2017级6班学生学习后测分析

测查对象:

合肥市某小学2017级6班部分学生

测查人数:

32人

测查时间:

2021年2月7日

测查简况:

因为在寒假期间,该班44位同学中32位参与了2月7日上午的线上学习,当日10:00线上学习结束后,教师将后测卷发到群里要求学生尽快作答,并将答卷拍照私发给教师。截至当日23:00点收齐32份答卷。

测查结果分析:

本次后测卷共五大题,测查目标各有侧重,基于该班学生答题情况分析如下。

一、第一大题答题情况分析

1.出示原题。(如图6-17)

猴小年算得对吗?为什么?

2.设计意图。

本题主要测查:学生判断三位数乘两位数计算结果的方法有哪些?这些判断方法是否灵活方便?能不能自主运用估算?

3.答题情况及分析。(见表6-1)

三位数乘两位数计算教学研究

表 6-1　第一大题答题情况分析表

方法	计（验）算比较	末尾数比较	估算范围	猜测占位出错，未提判断方法	未提判断方法	合计	备注
人数	12	5	6	7	2	32	有1人未上传本题答案，1人提供了计算比较和估算范围两种答案。

32 份答卷均认为 128×16 等于 10352 的结果不对，有 10 份答卷未提及判断方法（含 1 份漏掉本题的），另外 12 份答卷通过计算或验算来判断，5 份答卷查看积的末位数来判断，6 份答卷利用估算圈定积的范围来判断。

在没有任何提示的情况下，利用精算结果来比较判断的方法占比最高；而相对比较灵活简便的方法也有出现，但占比相对较低，比如 32 份中只有 5 份用末位数来判断、只有 6 份用估算范围来判断。这个结果与前测结果之一相符合，即该班学生计算方法比较单一，偏向笔算，口算、估算等意识和能力不足。

二、第二大题答题情况分析

1.出示原题。（如图 6-21）

为什么学完三位数乘两位数后就不再往后学习其他计算了？万一遇到更复杂的计算（比如四位数乘三位数），怎么办？

2.设计意图。

本题主要测查：学生能否发现整数乘法不同笔算之间的算法联系？

3.答题情况及分析。（见表 6-2）

表 6-2　第二大题答题情况分析表

解决方法	算法迁移	举例算法迁移	其他方法	答非所问	未答（含未提交本题）	合计
人数	16	5	4	3	4	32

32位受测学生,除了4位未提交本题答案(漏掉本题),其余28位中有超过65%的学生明确可以用已经学过的整数乘法的算法来计算更复杂的题,其中包含5位举例说明怎么算的。

"其他方法"是指面对更复杂计算时的应对,1人要"找老师",3人要"用手机(上网)"。

根据以上结果可以得出:①该班大部分学生已经发现整数乘法不同笔算之间的算法联系,能够进行算法的迁移;②受线上测查不方便的因素影响,有的学生未能及时提交本问题的答卷,有的学生未仔细审题而答非所问。

三、第三大题答题情况分析

1.出示原题。

请尝试笔算下面各题:

134×12　　　237×82　　　47×176　　　36×425

2.设计意图。

本题主要测查经过学习学生对三位数乘两位数笔算的掌握情况,并通过与前测结果的对比来分析学习效果。

3.答题情况及分析。

32份答卷中有21份四小题全对,占65.63%,较前测提高了近43个百分点。

除去4份该题未提交或不全的答卷,在7份该大题有错的答卷中,总计有11道小题出错,占小题总数$(32-4) \times 4 = 112$(道)的9.82%,出错率比前测降低了37个百分点。

聚焦出错的小题,错因有以下几种:进位出错4次;抄错题目、算混了、数位对错各1次;算错4次。算错属于硬伤,3次发生在同一小题47×176中,分别是:47×6算成176,47×70算成1290,$8+9$算成18。该小题也是出错次数最多的,达到5次。(见表6-3)

表 6-3　第三大题出错题错因分析表

题目	错因					合计
	进位出错	抄错题目	算混了	数位对错	算错	
134×12	1	0	0	0	0	1
237×82	2	1	0	0	0	3
47×176	1	0	0	1	3	5
36×425	0	0	1	0	1	2
总计	4	1	1	1	4	11

本大题的题目与前测卷中的完全一样,不同的是呈现形式:前测卷直接给竖式,要求学生按照两种不同的笔算方法计算,便于测查其掌握情况;后测卷给的则是横式,要求学生笔算,便于测查学生对 47×176 和 36×425 这类计算的处理策略。

那么,学生是如何处理的呢?

在竖式中将三位数放上面、两位数放下面,转化成两步乘的人数最多,有 18 人;老老实实用两位数(在上面)乘三位数(在下面),分三步乘的学生有 10 人。(见表 6-4)以上两种策略占据绝大多数,也就是说按部就班三步乘和转化成两步乘是学生们普遍接受和采用的三位数乘两位数计算策略(方法)。因为转化成两步乘更简易,所以选择转化成两步乘策略的学生与选择三步乘策略的学生人数比是 9∶5,前者人数是后者人数的近 2 倍。

表 6-4　第三大题"两位数乘三位数"笔算策略分析表

策略	三步乘	三步递乘	转化成两步乘	原式两步乘	古怪两步乘	合计
人数	10	1	18	1	1	31(1人漏掉本题)

以上两种常规的策略(方法)之外,出现了 3 份非常规的答卷,分别是三步递乘 1 份、原式两步乘 1 份、古怪两步乘 1 份。

先看三步递乘的答卷(见图 6-31),这种算法与三步乘本质一样,不同在于:三步乘是乘乘乘加,三步递乘是乘乘加乘加,即没有三次乘完一起加,而是乘的中途增加一次加。这或可看作两步乘习惯的延续。

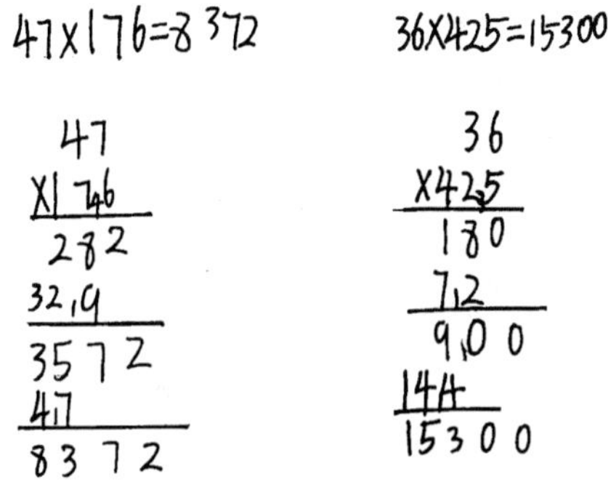

6 再涉课堂

```
47×176=8372        36×425=15300

    47                 36
 × 176              × 425
   282                180
  329                 712
  3572                900
   47                 144
  8372               15300
```

图 6-31 三步递乘

再看原式两步乘的答卷(见图 6-32),这在前测中就有出现,可以看作是学生在心中将三步乘转化成两步乘,等同于三位数(在竖式上面)乘两位数(在竖式下面)的两步乘。比如图 6-56 中最后一小题,先算 425×6 得 2550,再算 425×30 得 12750,最后算 2550+12750 得 15300,与将三位数 425 放上面、两位数 36 放下面,转化成两步乘的计算过程是一样的。

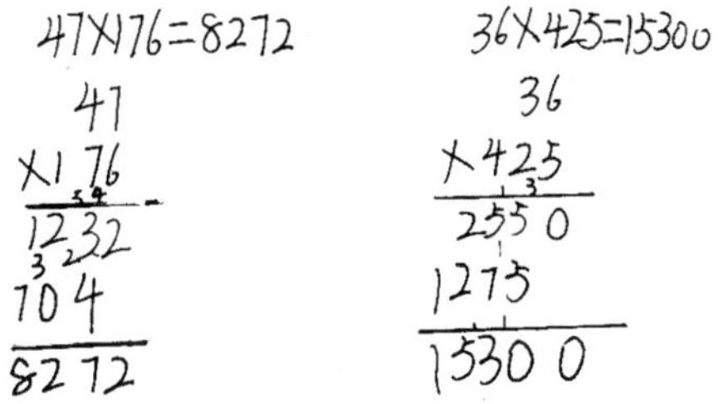

```
47×176=8272         36×425=15300

    47                  36
 × 176               × 425
  1232                 2550
   704                 1275
  8272                15300
```

图 6-32 原式两步乘

最后看古怪两步乘的答卷(见图 6-33),之所以名之为"古怪",是因为其第一步难以被理解:以 47×176 为例,先算 47×76 得到 3572,再算 47×100 得到 4700,最后 3572+4700 得 8272。问题是:第一步 47×76 是怎么算的?能直接算出结果吗?很显然直接算出 3572 是非常难的,难道在此竖式外还要再列一个 47×76 的竖式?这位学生是怎么做到的?

这些疑问只有进行学生访谈才能化解。

》 三位数乘两位数计算教学研究

```
 47×176=8272      36×425=15300
     47              36
   ×176            ×425
   3572             900
    47             144
   8272           15300
```

图 6-33 古怪两步乘

访谈记录：

师：这两道题的第一步你是怎么算的？

生：我是用 47 乘 176 后面的 76，再用 47 乘 176 的 100，再加起来。

师：你怎么算出 47 乘 76 得 3572 的？

生：我在旁边的本子上打草稿了。

师：打草稿？就是摆了竖式笔算的吗？

生：是的。

师：你是怎么想到先算 47×76 的？

生：因为我们以前学过两位数乘两位数，这个我们是会算的。

师：实际上你是列了两个竖式来算 47×176，这样其实比较麻烦，能不能只列一个竖式，在一个竖式里算出结果呢？就像我们视频里学习的那样，你可以吗？

生：嗯，我来重新算一下！（见图 6-34）

```
 47×176=8272      36×425=15300
     47              36
   ×176            ×425
    282             180
    329              72
    47             144
   8272 2         15300
```

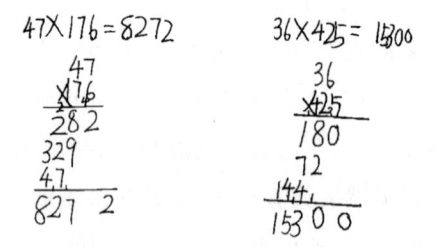

图 6-34 重算三步乘

师：这样需要算三次乘，再算一次加，步骤比较多；我们还可以把竖式列成三位数在上面、两位数在下面的乘法，需要两次乘一次加，这也是视频里学习的，你注意到了吗？

生：好的，我试试看（见图 6-35）。

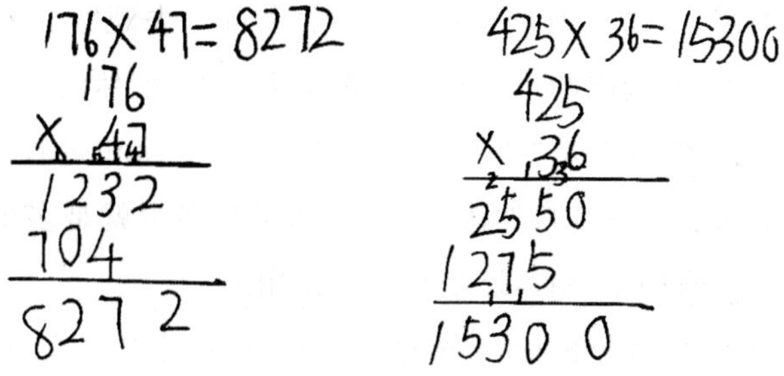
176×47=8272
176
×47
1232
704
8272
425×36=15300
425
×36
2550
1275
15300

图 6-35　重算两步乘

师：很好！你可以选择自己最喜欢的算法来笔算。

四、第四大题答题情况分析

1. 出示原题。

你能画图说明 134×12 的笔算过程吗？

2. 设计意图。

本大题主要测查学生画图表征计算过程和算理的能力，测查经过教学视频中图示的渗透后学生的“画计算”能力的变化情况。

3. 答题情况及分析。

受测学生所用苏教版数学教材中没有用点子图等表征整数乘法的计算过程和算理，所以学生不具备“画计算”的相关经验和基础，无法较好地完成“画计算”的任务，这在前测中已经很明显地表现出来；他们比较熟悉的是利用情境理解算理或直接说算理。

基于以上学情，笔者在设计线上教学时埋了一个“引导画图”的伏笔。具体怎么做的呢？

①“情境—画图”的过渡。线上教学中，笔者精心设计了“铺地砖”的情境，这个情境可以很好地与“格子图”及“面积图”发生链接，铺好的地砖在形象上本身就像格子图或面积图，计算地砖块数就是求格子数或面积数。这样的情境与图示合二为一，便于学生接受和理解。

②“示范—渗透”的引导。本次教学并没有教学生画图表征计算过程和算理，而是在学生说计算过程的环节利用课件动态展示格子图和面积图，配

合笔算的步骤,形象直观地演示每一步计算的意义。整个过程没有一句说明"怎么画图"的话,只是适时展示出来,让学生自己去观察和感受,真的是一种潜移默化的引导,画图的示范和渗透都是无声的、悄然的。

很显然这样的教学不是"强"教学,从教学的目标和过程来看都是很"弱"的。设计的初衷也只是自然渗透,学生能接受多少就是多少。那么,教学效果怎么样? 从后测结果看,还是有一定作用的。

我们继续沿用前测分析中划分的水平层次对后测答卷进行分析(见表 6-5),下面我们将从前后测结果的比较中来具体看一看。

表 6-5　第四大题学生画图水平分析表

层次		描述	人数	备注
水平 0	层次 0—1	没有画图或其他方式表征计算过程	4	漏掉本题
	层次 0—2	没有画图但用竖式或横式、文字等方式表征计算过程	18	过程清晰、算理明白(3份有瑕疵)
水平 1	层次 1—1	只画图表征了乘法算式的意义	0	过程清晰、算理明白
	层次 1—2	画图表征乘法算式的意义,文字或算式表征计算过程	1	
水平 2		试图画图表征计算过程,但算法和算理都不够完整和清晰	6	文字说明部分基本清晰、明白
水平 3		画图表征出计算过程,算法清楚,算理明白	3	

首先,前后测的问题属于同类型同难度的问题,不同的是一个是学习前测,一个是学习后测,还有就是具体问题不一样。因为线上教学在寒假期间进行,后测参与学生数 32 人,少于前测参与学生数 44 人。

前后测结果的相同点:

处于水平 0 的人数都是最多的。后测中除了 4 人没有上传本大题答卷(注意:这 4 人并非一定不会画图或用文字表征,遗漏该题的原因有多种可能,在此不做深究),有18人没有画图而是用竖式或横式、文字等方式表征计算过程,这与前测水平0的人数巧合。值得注意的是,前测中还有8人处于层次1-2,也是用文字或算式表征算理的。说明该班学生还是最擅长并习惯用文字、横式、竖式等方式来说明计算过程和算理。习惯是长期养成的,很难短时间改变。

前后测结果的不同点:

①处于水平1的人数后测比前测锐减。前测处于层次1-1的有14人,处于层次1-2的有8人,一共22人处于水平1,他们虽然画图了,但表征的只是乘法的意义,不是计算过程和算理;到后测时处于层次1-1的0人,处于层次1-2的1人,仅1人处于水平1。可以看出,学生们已经意识到题目要求画计算过程和算理,而不是乘法算式表示的意义。

②处于水平2和水平3的人数后测较前测增多。前测处于水平2和水平3的都是0人;后测中处于水平2的有6人,达到水平3的有3人。说明经过线上学习的渗透式示范,已经有9位学生有了画图表征计算过程和算理的自觉意识和一定能力,其中6人画的是视频中示范的面积图(见表6-6),且有3人画得算法清楚、算理明白。假以时日,我们有理由相信会有更多的学生能够很好地"画计算"。

表6-6 第四大题学生说明笔算过程所用方法分析表

说明方法	未做本题	文字说明	横式说明	竖式+文字说明	数字画说明	图画意义文字说明过程	面积模型表征过程	其他图表征过程	合计
人数	4	9	3	6	1	1	6	2	32

③思维水平上后测比前测有提升。受本大题测查目标的影响,上面的水平层次划分依据的是学生的画图能力而非思维水平。从学生答卷的思维水平看,后测较之前测也有明显的提升,最明显的地方是绝大多数答卷说明计算过程和算理都很清晰明白,鲜有错误和模糊不清的地方。说明经过学习,这些学生对三位数乘两位数计算的算理理解得更深刻了。

三位数乘两位数计算教学研究

接着对后测答卷进一步分析,除去 4 份未呈现本大题的,对 134×12 的计算过程和算理,28 份答卷中 9 份是采用文字说明(见图 6-36),3 份用横式说明(见图 6-37),6 份用竖式+文字说明(见图 6-38);10 份画图的,其中 6 份用面积模型图(见图 6-39)、1 份画的是"数字画"(见图 6-40)、1 份画的是算式意义(见图 6-41),还有 2 份用其他图示。

图 6-36 文字说明算理   图 6-37 横式说明算理

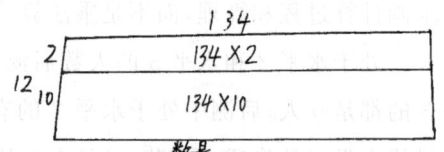

图 6-38 竖式+文字说明算理   图 6-39 面积模型图说明算理

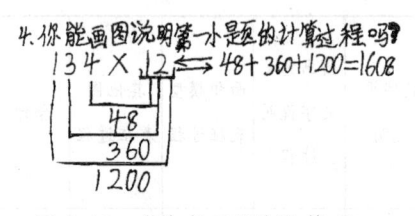

图 6-40 "数字画"说明算理   图 6-41 线段图说明意义

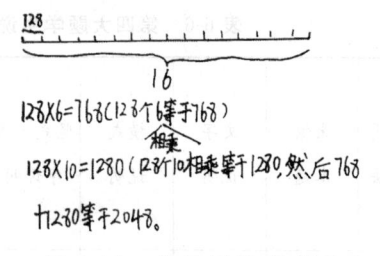

五、第五大题答题情况分析

1. 出示原题。

请说明下面笔算每一步的含义:

```
    1 4 8
×     3 7
─────────
  1 0 3 6  ……(                    )
    4 4 4  ……(                    )
─────────
  5 4 7 6  ……(                    )
```

2.设计意图。

本大题主要测查学生对线上学习的三位数乘两位数笔算算理的理解情况。

3.答题情况及分析。

为了比较的方便,后测分析沿用前测时划分的水平分层。除去1人未提交后测答卷(提交的是线上学习活动)处于水平0,其余31人有29人达到水平3,说明了笔算算理;只有2人说明的是各部分的意义(组成),处于水平2;没有人读各部分的数而处于水平1。可以说经过线上学习,大部分学生理解了三位数乘两位数的笔算算理(见表6-7)。

表6-7 第五大题答题情况分析表

水平分层	描述	人数	错误率
水平0	未作出任何说明	1	/
水平1	读出各部分的数	0	/
水平2	说明各部分的意义(组成)	2	0/2(未出错)
水平3	说明各部分的算理(来源)	29	10/29
合计		32	10/32

后测的错误率全部产生于水平3的29人中,有10人出错,这里的"出错"不是对算理一无所知,而是对三位数乘两位数笔算算理的理解还存在一些不够深刻、不够全面或不够精确的地方。

为了进一步分析,我们来聚焦这10份有问题的答卷(见表6-8)。本大题给出的竖式是148×37,需要学生解释计算的三个步骤的算理。仔细看,10份有问题答卷中,1份错在第一步,其余9份都是第二步有问题,其中5份出错、4份没有给出解释。再进一步观察，第二步的错误如出一辙，都是将"30个148(148×30的积)"错成"3个148(148×3的积)；而漏掉第二步未解释的4份答卷第一、三步都是有解释的。因此，我们可以推测9位在解释第二步计算算理时出问题的学生，其错因都是对第二步计算算理不理解或理解不准确、不深刻。这也恰恰是三位数乘两位数计算的学习难点和教学关键。

表6-8 第五大题出错情况分析表

错处	第一步出错	第二步出错	第二步未说明	合计
人数	1	5	4	10

教学启示：

①有学习需求的学习更容易真正发生。

本次线上教学没有明确的"估算教学"环节，而是设计一个判断"猴小年算的对吗？"的活动，以问题驱动学生去估算、去框定计算结果的范围。问题驱动式学习不仅学生有较强的学习需求，而且学习过程和结果都是开放的，判断的方法不唯一，可以有很多种不同的思路，更益于思维发展和深度学习。从后测结果看，教学效果很好。

②知识的整体性关联更利于知识理解。

心理学研究表明，碎片化的知识点不利于记忆，只有在知识之间建立起关联，使之结构化进而构建起知识体系，才能被很好地理解、储存和应用（见图6-42）。所以，知识教学中需要特别注意引导学生从整体视角回顾反思所学，培养他们有意识地建立不同知识间的关联，使他们逐渐养成整理、构建知识体系的意识与能力，譬如本次教学中我们引导学生构建整数乘法算法体系。一旦建立起知识体系，实现了知识结构化，就意味着学生找到了隐藏在不同知识间的普遍规律，从而能够自觉运用规律去收纳新知识、解决新问题、拓展新领域。当然后者势必面临已有体系的束缚而寻求突破，此是另外的话题。

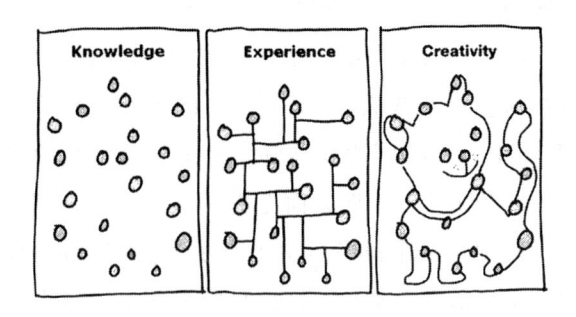

图 6-42　知识－经验－创意

③算法优化应建立在算法多元和自我关照的基础上。

前面提到过,问题驱动的学习具有一定的开放性,就会出现不同的思路。比如三位数乘两位数笔算,学生会在自主探究中出现多种算法,往往不同的学生有不同的方法。面对这种情况,教学上不能放任不管,任由"一节课下来,各人还是只知道各自的方法"的现象发生。教学需要做"算法优化"这件事。怎么做?

首先当然是算法多元,即利用合适的问题引出多元的算法,使得每位学生都有自己的思考和发现。这个过程充分尊重学生的个性差异与学习权利。

然后是算法交流,怎样才能使得学生有兴趣、有需求去理解别人的方法呢? 不要以为这很容易发生,很多课堂上的"小组交流""全班交流"流于低效,学生并不会用心倾听别人的想法,通常眼里只有自己的方法。要想达到交流的目的,还是需要有好的问题或任务来驱动,逐渐培养学生学会倾听。本次教学就是用一个问题来引出讨论的:"你最喜欢哪种方法? 为什么?"

为什么设计"最喜欢"这样的问题? 这不会让算法优化陷于"主观"吗? 笔者要说的是,算法优化固然有其客观性,但也是离不开主观判断的。至于哪一种方法最优的问题,很多情况下需要具体问题具体分析,不同的学生当然会有不同的答案,绝对客观的"最优"是不存在的。因此,多元算法充分交流之后,还要学生基于自我关照来优化算法。简单来说就是,在这么多不同的算法中,基于什么原因笔者认为最好的是哪一种。

>> 三位数乘两位数计算教学研究

④知识或方法的渗透式教学有重要作用。

渗透式教学一般被认为更多用于德育上,我们常说的言传身教、学科教学中渗透德育等都属于渗透式教学。其实,知识或方法教学也可以采用渗透式,比如本次教学中"画计算"的教学就完全是潜移默化的渗透式。选择渗透式教学方式主要是出于以下四方面考虑:第一,"画计算"不是本课教学重点;第二,教学时间没有宽余;第三,学生自主学习有一定的困难,毕竟使用苏教版教材的学生之前没有基础;第四,我们工作室多年来聚焦"画数学"教学研究,想看看渗透后学生的学习反馈。

从后测结果看,"画计算"的渗透式教学取得了一定的效果,具有重要的作用。

⑤掌握算法、理解算理和计算正确之间的关系。

后测结果给予我们的启示和思考很多,其中包括这样两条:

第一,计算出错的学生不一定算法没掌握。

从测查结果分析,在11次出错中无一次是因为算法没有掌握,而是4次进位出错、1次抄错题目、1次算混、1次数位对错、4次算错。其中最接近"算法问题"的是1次数位对错,仔细查看发现,是三步乘的结果相同数位没有对齐(见图6-43),就其错因来说,不一定就是不知道算法,因为每一步的结果都有错开放置,说明学生是知道要对齐数位的,之所以仍然出错多半是由于三步三个结果有点多,且结果数位不多不容易对齐。

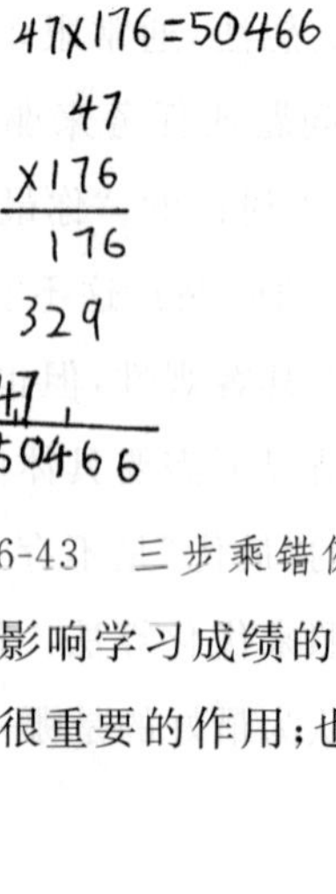

$$47\times176=50466$$

$$\begin{array}{r}47\\ \times176\\ \hline 176\\ 329\\ 47\\ \hline 50466\end{array}$$

图6-43 三步乘错例

说了这么多,其实是想说,影响学习成绩的不光是智力因素,像注意力、学习态度等非智力因素也起着很重要的作用;也不光是知识掌握情况,还有技能形成、品质影响等因素。

第二,掌握算法的学生不一定理解算理。

从后测第三大题结果看,极少有学生没有掌握算法;但是再看第五大题的测查结果,掌握算法的学生却有超过三成没有很好理解算理。这也是那种填鸭式计算教学也可以取得很好的教学效果的原因所在,即只管教给学生怎么算就行了,至于为什么这么算就不要管了! 学生照样可以算对题目考出高分。

但是,不理解算理的计算,对学生有什么意义呢? 学习计算不是为了应付考试,算法背后的原理,原理承载的思想,等等,这些需要理解的东西才是事关学生以后成长所需能力和必备品质的,这些才是计算教学真正的价值。也就是说,计算正确当然是计算教学的目标,但不是唯一目标,计算正确的达成途径需要承载"会算"之外的"探究""理解""感悟"等更高阶的价值追求。

6.5 "三位数乘两位数"学习前后测个案分析

测查对象:

合肥市蜀山区某小学 2017 级 2 班(该班学生使用苏教版数学教材)

前测时间:

2021 年 1 月 19 日

前测结果简介:

该班共 33 名学生参与前测,16×28 计算正确率为 81.82%,48×37 笔算每一步含义的正确率为 48.48%,5 道三位数乘两位数笔算的正确率为 50.30%;画图解释计算过程的问题,空白的 5 人,用横式或竖式解释的 17 人,只是画图表示(或试图表示)乘法意义的 11 人,无人画图表征出计算过程和算理。测查结果与肥西县某小学 2017 级 6 班大体一致。

线上教学时间:

2021 年 2 月 10 日

线上教学简况:本次教学沿用 2 月 7 日肥西县某小学 2017 级 6 班的线

》三位数乘两位数计算教学研究

上教学视频和组织形式,由该班数学老师董雨婷担任助教。

后测时间:2021年2月10日

后测结果简介:

线上教学在寒假期间进行,参与后测的有23名学生,4道三位数乘两位数笔算的正确率为90.22%,148×37笔算每一步含义的正确率为86.96%;判断128×16计算结果用末位数判断的5人,用积的位数判断的2人,用估算判断的2人,重新计算比较的12人,只做出判断没有说明判断方法的2人;学习三位数乘两位数后为什么不再学习更复杂计算的问题,只有1人认为可以请教老师、书本或使用计算器,其余均认为不用再学是因为算法一样,可以类推;画图说明134×12笔算过程的问题,用横式或竖式解释的15人,画面积图解释的2人,画其他图解释的6人,所有画图的都在解释计算过程和算理而不仅是乘法算式的意义。

前后测个案情况(如图6-44):

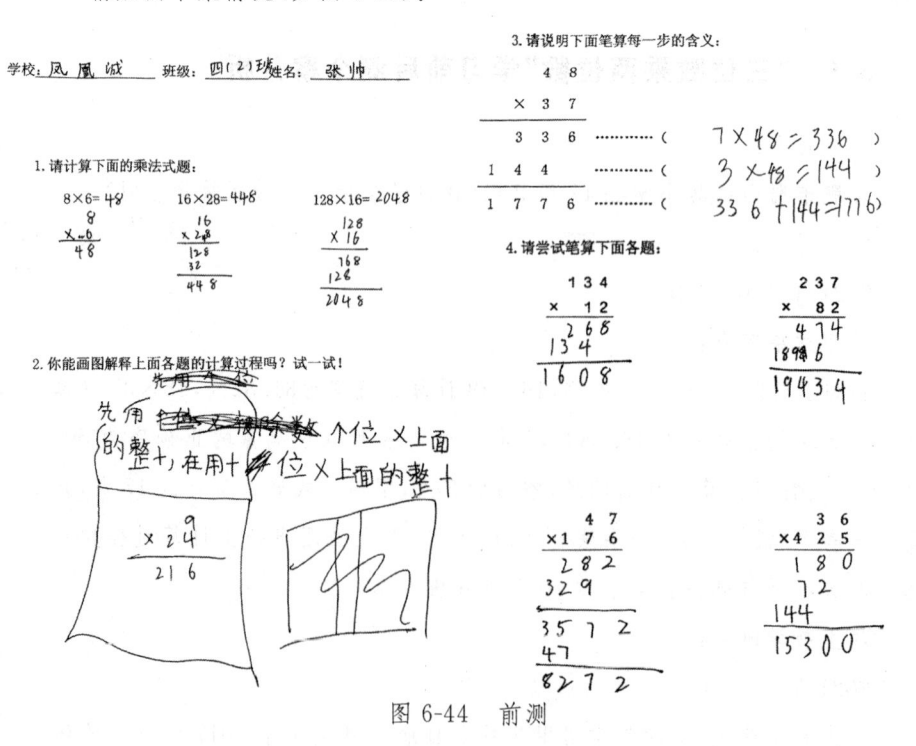

图6-44 前测

学习后测卷：

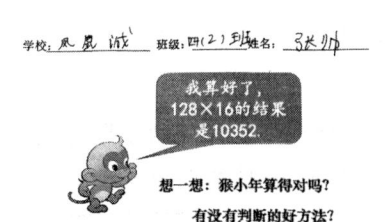

图 6-45 后测

前后测对比分析：

1. 算理理解

首先看图 6-44 中张同学对三位数（两位数）乘两位数笔算算理的理解情况。

前测第 3 大题，张同学对 48×37 的计算步骤很清楚，但是对关键第二步骤的算理理解并不深刻，出现问题，不能明确第二步算的是 48×30（或者指出乘的是十位上的 3）；后测第 5 大题，对 148×37 的算理理解仍然存在前测中反映的问题，不能明确第二步算的是 148×30。

前后测的对比说明，张同学自始至终没能准确理解三位数（两位数）乘两位数的笔算算理，线上教学没能解决前测问题。

2. 算法掌握

既然算理理解不清，那么会不会影响张同学的计算正确率？

前测第 1、4 大题，7 小题张同学全算对，且计算过程清楚、规范，算法掌

>> 三位数乘两位数计算教学研究

握很好,尤其是第 4 大题后两小题三步乘的第二、三步乘积均写在正确的数位上。说明张同学在线上学习前经过自己的探索(前测卷上保留了探索的痕迹)已经能够正确笔算三位数乘两位数。

后测第 3 大题,4 小题三位数乘两位数笔算张同学全对,前两小题与前测完全一样;不同的是后两小题,张同学不再三步乘,而是采用将之转化成两步乘来笔算。显然,这是受线上学习影响的行为转变。

以上情况说明:

①学生课前已经会的计算,可以在课中通过交流学习完成算法的优化。这个过程一般包括:对同伴不同算法的理解,对自己原有算法的反思,对不同算法的比较,选择产生最优算法,用优化后的算法计算。

②算法掌握与算理理解之间不能简单地画等号。算法掌握很好、计算正确率很高的不一定算理理解没问题。所以,课堂上应该在计算过程中多让学生说算理,而不仅仅满足于他们会算了。

以上两点其实为我们经常面对的一种现实情形提供教学启示,即:学生已经会算了,计算课该怎么上?对"三位数乘两位数"这节课我们就可以从"算法优化"和"算理理解"上下点功夫。

因为"三位数乘两位数"是"整数乘法"的"最后一课",所以我们的教学关注点还可以更加丰富,比如引导学生沟通整数乘法中不同计算的联系,建立统一的算法体系。

3.算法关联(纵向)

算法关联也是本次教学的目标之一,看看学生的学习效果如何?

前测第 1 大题,从表内乘法、两位数乘两位数到三位数乘两位数,张同学顺利完成笔算算法的自主迁移。此时,学生心中可能或多或少会有一些感悟和发现。

后测第 2 大题,此问题来自线上教学的一个环节,引导学生回顾整数乘法的学习历程,呈现题中的问题。张同学一开始没有想到算法联通,给出"可以问老师和家长"(见答卷中张同学后来划去的痕迹)的回答,转念思考后他写道:本题考察乘法的计算思维和思考。虽然不像其他同学直接写出

"算法(原理)是一样的,可以以此类推计算更复杂的乘法",但是不难推测,张同学的"乘法的计算思维"其实指的就是算法和算理。张同学的这种转变正说明了这个教学环节的价值所在。

我们常说,千金难买回头看。张同学后测中后来写的那句话,也提醒我们,学习反思不仅指对不同知识及其关系的省察发现,还包括对学习行为本身的体察再认,两者都很重要。

4.算法关联(横向)

再看前测第1大题,注意题目没有限制算法,没有任何提示,只是要求学生计算,这就意味着学生可以笔算写竖式,也可以口算写横式,甚至也可以简算、估算等。这在"设计意图"中已经提到过。张同学采用的是笔算,没有涉及其他算法;这种情况不是个别现象,在33份答卷中除了部分同学6×8没有列竖式直接写得数外,16×28、128×16和部分6×8全部列竖式笔算,算法单一化严重,不利于不同算法之间的比较和关联。

后测第1大题,此题也是源自线上教学的环节,前面已经提到过设计意图,其中一条就是以问题驱动学生产生估算需求而自主进行估算。张同学没有估算,采用的是自己笔算同样的计算式题,得出猴小年算得不对的结论。这也不是个别现象,受测的23位同学中仅2人估算,另外2人没有说明判断方法,7人采用积的位数和末位数判断,12人选择再算一遍的方法判断。这再算一遍的12人,笔算的5人(包括张帅)、口算的4人、未提及算法的3人。该班受测学生的算法涉及笔算、口算和估算,没有涉及简算。

其实,线上教学中这一环节有设计请学生在群里反馈交流,可惜实际操作中并没有很好落实。好在线上教学其他环节有引导学生口算28×16和128×16的过程,且有两次请学生比较口算与笔算方法的活动,引导学生发现两者的联系。

说这些,无非想强调计算教学中需格外关注和警惕算法单一化和程式化问题,现行教材中呈现的笔算算法就是高度程式化的,这是学生最后需要掌握的,但实现程式化的过程最好慢一点,让不同的算法尤其是学生自主探究过程中出现的不够完美的算法"多飞一会儿"。这个慢的过程有利于学生的算理理解和思维发展。

5.表征思维

为了促进学生的算理理解,教学中经常要求学生表征思维的过程,比如说一说、摆一摆、画一画、写一写等活动,分别用到了言语表征、动作表征、图画表征和符号(文字)表征等多元表征形式。

关于计算过程与算理的图画表征,笔者做过一些研究,称之为"画计算"。笔者认为"画计算"是介于动作表征与符号表征之间的重要过渡,有利于学生抽象算法和理解算理,且这样的抽象并非一蹴而就,而是一个循序渐进的过程,需要作长段教学打算。这个后面再专门论述。

基于以上对"画计算"的重要性的体认和关注,本次线上教学中有意渗透"画图",并在前测和后测中对学生的"画计算"意识与能力进行测查。

前测第 2 大题,请学生尝试画图表征 6×8、28×16 和 128×16 计算过程,张同学首先想用文字说明,又想利用竖式来解释,还试图画了类似矩形图,但是每一种都不清晰、不明确甚至最后放弃,反映出其思维表征的尝试和困难。可以看出,张同学考虑的是"怎么去表征计算过程"而不是"怎么画图表征计算过程"。也可以说,在他的意识里画图只是表征计算过程的方式之一,尽管题目有要求。

后测第 4 大题,张同学只是列出 134×12 的笔算竖式,严格说不但没有画图表征,而且没有表征计算的过程。因为竖式是作为完成态的结果呈现的,无法反映出动态过程。也就是说,线上教学的画图渗透对张同学影响甚微,不仅如此,他还舍弃了前测中曾经作出的表征努力。

从张同学的个案来看,表征尤其画图表征整数乘法计算过程和算理是一件不容易发生的事,思维的表征是困难的。

附录 "画计算"的教学实践与思考

一、什么是"画计算"

提到"画计算",先要说"数学画",前者是"数学画"教学五大课型之一。什么是"数学画"教学?简言之,即儿童运用直观之"形"表征抽象之"数",或运用精微之"数"说明简达之"形",从而帮助理解数学概念、解决数学问题和发展数学思维的一种数学学习(教学)方式;其立足点是儿童认知特点和数学学科本质,既富有儿童趣味又深蕴数学真味,是引导儿童认知逐渐"数学化"的过程。

"画计算"是在计算教学中引导学生画图探究算法、表征算理,也就是把计算的推理过程与结果画出来。

二、为什么要"画计算"

首先,我们需要思考的是,计算的教学价值在哪里?我们一般认为计算教学有三个主要目标:探究并掌握算法,理解算理,形成计算技能。笔者认为还有一点非常重要,那就是在落实以上三个主要目标的过程中实现以计算育人,即将计算教学指向学生数学素养的培育和学生健康成长的滋养。为了说得简单明白,我们不妨从反面现象切入。

1. 停留于"会算"层面

笔者听过一节《两位数加两位数进位加法》,由复习不进位加法导入,然后师生问答式推进笔算进位加法,主要还是以教师讲解为主,很快就完成了主体环节即例题的教学,得出进位加法的算法,随即课堂进入较长时间的扎

>> 三位数乘两位数计算教学研究

实的练习,学生参与度高,教学效果好,一节课下来学生真的是掌握了,大多数学生可以"算得又对又快"。这节课也得到了同行的一致好评,全班都会算了!还不是好课吗?

"会算"就可以了吗?如果是这样,买台计算器就好了,机器比人厉害。计算教学之所以在人工智能飞速发展的时代仍然有其存在价值,绝对不仅仅是因为"会算"。比"会算"更重要的是理解算理,"满十进一"不应该只是存进学生大脑的一个程序,更应该是学生深刻领悟的一个道理。只有理解基础上的掌握才是牢固的。

2.浅浮于"计算"层面

一些计算课教学眼里只有"计算",教加法就盯着加,教除法就只有除,而不能够在知识上融会贯通。还以《两位数加两位数进位加法》为例,要做到融会贯通不仅仅是由不进位加向进位加螺旋上升,也不仅仅是从 20 以内进位加向 100 以内进位加的迁移,更要关注运算对象即两位数的特征。

笔者以为,计算的基础有两个:一是深刻理解运算的含义,比如理解加法的含义,是合并,是单位的累加,等等;一是深刻理解运算对象的含义,比如两位数的含义,23 不仅像一位数那样表示 23 个一,它还表示 2 个十和 3 个一。算法也好,算理也罢,都是以运算及运算对象的内涵特征为基础来构建的。对算理的理解首先包括对运算对象的理解,缺乏理解运算对象的算理理解注定是肤浅的。

3.局限于"教学"层面

正如前文所述,计算教学关注到了"算法、算理、算技"就够了吗?如果这就够了,未免太浪费计算课,因为它可以承载的价值其实多得多。

回到《两位数加两位数进位加法》这节课,算法探究的过程中学生可以学会推理,感悟理性精神;算法多样化的呈现中学生可以学会交流、学会欣赏、认识他人和自我;算法优化中学生可以学会比较、学会取舍;算式书写中学生可以认识到简化和规范化的作用、增进规则意识;对加数和加法的深刻理解基础上的计算操作过程可以帮助学生感悟到十进制计数法的特点和建立在此基础上的加法运算的算法逻辑和算法之美;计算在现实生活中的广泛应用则可以促进学生对算理的理解,还可以让学生感受到数学与生活的紧密联系和实际作用;等等。

像其他教学一样,计算教学不仅仅是教学,更是教育。我们说"以数学育人"包括"以计算育人"。

以上这些反面现象和正面目标,正是"画计算"教学的关注点和追求。如果笔者说"画计算"有效地克服了这些"反面"而尽可能靠近"正面",你估计不容易相信;那就请往下看,"为什么'画计算'"可以从下面"怎样'画计算'"论述中更加详细地得到反映和证实。

三、怎样"画计算"

"画计算"其实并不难,只要能处理好以下四对关系,就基本能实现"画计算"的教学追求。

1. "画计算"与"画数"

任何运算法则及其道理的基础都是运算对象的特征,比如小学阶段数的运算,无论整数、小数、分数,都是计数单位的累计,所以其加减法计算的法则都有"相同单位才能相加减"的规定,于是有了"相同数位对齐""小数点对齐""分母相同"诸规则,追根揭底指向的是数概念的内涵。

因此,"画计算"的关键是"画数",而"画数"的前提是"懂数"。笔者曾针对从未接触过"数学画"的二年级学生执教过一节《画加法》,以下是教学片段:

师(指5+7,23+18):请观察加法算式,加法加法是把什么加起来?

生:加数(数)。

师:要想画好加法,得先懂这些加数,你懂5吗?请你说一说:5表示什么意思?

生1:5就是5个一。

师:如果要你画5和7,你会吗?拿出纸笔画出你心目中的5和7。

(学生画数,指名上台画,全班展评)

师:画好5和7了,那"+"是什么意思?

生2:就是把两个数合起来的意思。

169

>> 三位数乘两位数计算教学研究

师:真好! 5和7合起来是多少?

生:12!

师:数和数相加,和还是一个数。你懂12吗?

生3:12就是12个一。

师(指黑板上5和7图):是啊,5个一加7个一可不是12个一吗?这样想的人只是有一点懂12,懂得还不够,真正懂12的人不但会看出12与5、7的共同点,也会看出它们的不同点。

生4:12表示1个十和2个一。

师:你是怎么想到的?

生4:12跟5、7不一样,5、7是一位数,而12是两位数,多了一个十位。

生5:12是个两位数,个位上的2跟5、7一样,表示2个一,十位上的1表示1个十。

师(指图):这里能看出12的这个意思吗?现在只能看出12个一哦!(停顿)你能看出1个十和2个一吗?(停顿)你能圈一圈、画一画,让别人也能看懂吗?

(学生圈画,指名上台,见图1、2)

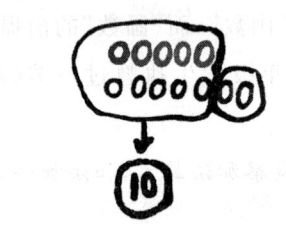

图1 5+7=12 画法一

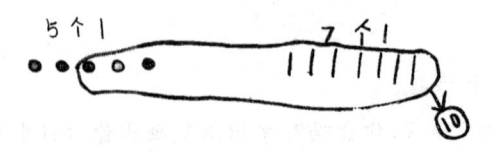

图2 5+7=12 画法二

师(指作品):这样一圈,把10个一换成了1个十,这就是"满十进一"(板书)。到这儿,我们就画出了5+7的过程和结果。那23+18呢?你懂23和

18吗？

生6:23表示2个十和3个一。

生7:18表示1个十和8个一。

师:你会画23和18吗？会画23+18的过程和结果吗？给你们几分钟,试一试！

(学生画图表征,师选择典型作品展评、改进,见图3-5)

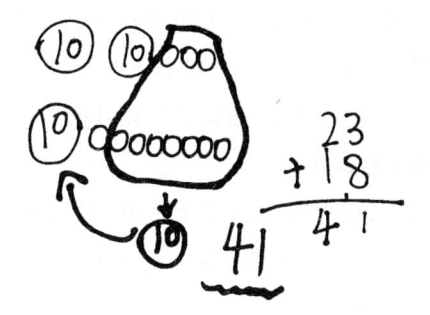

图3　23+18=41画法一

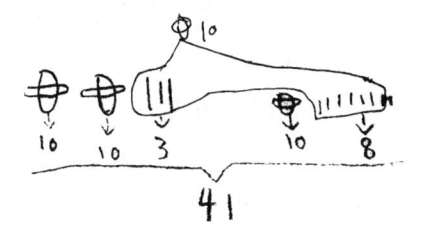

图4　23+18=41画法二

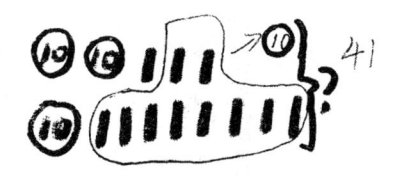

图5　23+18=41画法三

不难看出在以上教学中,"懂数—画数—画计算"一脉相承、环环相扣、水到渠成,教学行为指向的是数学理解,理解数和计数法,理解运算和运算法则。有了这样的学习和理解,学生会感悟到:"满十进一"不仅仅是运算法则,也是计数法则;进而明白:之所以加法计算时要"满十进一",是因为计数时是"满十进一"的。

2.算法探究与算理理解

上面所举《画加法》课例是在学生已经会算两位数加两位数进位加法时教学的,意在画图表征其算理,这是"画计算"的一种情况;另一种情况,是在学生不会计算的时候画图探究算法,比如笔者面向有数学画基础的二年级学生执教的另一节课《画减法》,教学片段如下:

师:92－38你会算吗?(停顿)怎么了? 有困难吗?

生1:个位不够减,怎么办?

师:看来这跟上节课学习的减法不太一样,该怎么算呢? 今天不巧,咱都没有带小棒和计数器,不能摆一摆、拨一拨了……

生2:我们还可以画图!

生:对,画图也可以帮助我们。

师:那就请不会算的同学画图帮助自己计算,少数会算的同学也别闲着,可以画图说明自己是怎么算的。

(学生画图,师巡回辅导,选取典型作品)

师:大家都完成了,老师选了几幅作品,一起来看看——

(出示图6)请小作者说一说是怎么想的。

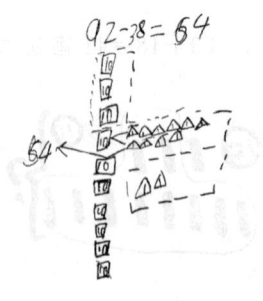

图6　92－38＝54 画法一

生3(边指边说):我先画92,减38,3个10减去,然后2不能减8,怎么办呢? 我就从剩下的10里拿出1个10,把它变成10个1,加上原先的2个1,

附录:"画计算"的教学实践与思考

就是 12 个 1,12 减 8 够了,剩下 4 个 1;这样一共还剩下 64,所以 92－38＝64。

生 4:他这个方法很好,但是他画错了,多画了 1 个 10,92 是 9 个 10 和 2 个 1,他画了 10 个 10,所以结果应该是 54。

(生 3 改进作品)

师(出示图 7、8):这里还有两幅作品,你能看懂吗?仔细观察,它们与上一幅作品有什么相同点和不同点?有发现的可以和同桌说一说。(学生交流后)谁来说一说?

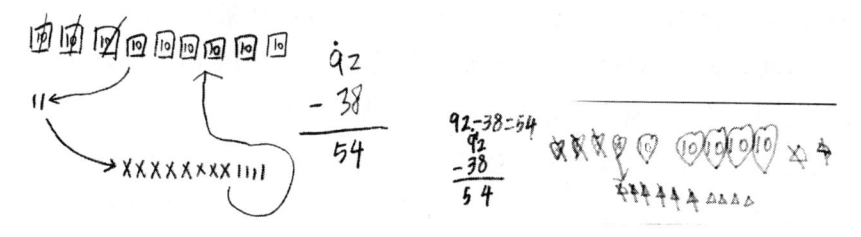

图 7　92－38＝54 画法二　　　　图 8　92－38＝54 画法三

生 5:我们发现它们都是拿出 1 个 10,变成 10 个 1,个位就够减了！我也是这样算的。

生 6:它们比上一幅作品多了一个竖式。

师:是呀,大家仔细观察,竖式与图画之间有没有联系?

生 7:图 7 是我的作品,竖式和我画的图是一个意思,只不过一个是图,一个是式子。

师:你的意思是,竖式与图画是可以对应起来的?

生 7:是的,你们看(边指边说),92 就是我画的这个图,9 个 10 和 2 个 1;减 38,先算个位,2－8 不够,就从 9 个 10 里拿出 1 个 10 给个位,这时候个位变成 12,12－8＝4;再算十位,9 个 10 减去 3 个 10 是 6 个 10,刚才拿走了 1 个 10,所以还剩 5 个 10;一共就是 54。

师:说得真好！个位不够减,从十位借 1 个十就够减了。为了记住十位已经借走了 1 个十,我们会在 9 上面作个标记(师板书竖式并添上点),这样算起来就不容易出错。

173

>> 三位数乘两位数计算教学研究

生8:这个点就好像是借别人钱,打个借条。

师:哇!这个比方好!看来你借过钱?

生8(笑):不是,我看到我爸爸借钱的时候写借条。

(同学们都在补点)

在上例中,画图不光是表征的工具,可以把心里的思路、想法表达出来。也是计算的工具,能够帮助学生找到计算的方法。笔者在日常教学中常常会碰到学生自主运用画图帮助计算的案例:图9是一个没有学习过"画计算"但有"画思路"等画图经验的二年级学生的作品,他在画图解决问题过程中遇到没有学过的 $42\div3$,想到用画格子图来得出结果;类似的一个计算 $96\div3$,也是学生在解决问题时遇到,也是没有学习过,图10是学习过"画计算"的学生的作品,他的方法显然比图9思维层次更高,也就是会从被除数的组成视角去探索算法;图11是对同一个问题的错误解答,但是学生有画出 $96\div2$ 的算法,与图9的 $42\div3$ 比较,更能凸显学生对"数""计算"的理解深度。

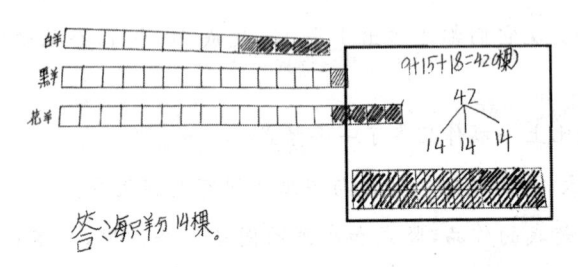

图9 画图探索 $42\div3=14$

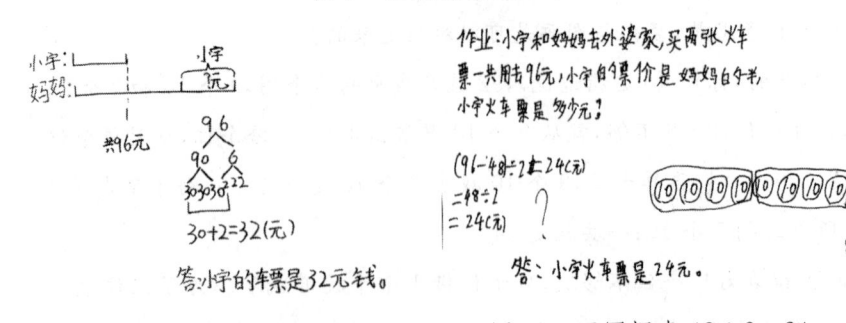

图10 画图探索 $96\div3=32$ 图11 画图探索 $48\div2=24$

当然,"画计算"分为"算法探究"与"算理表征"只是一个大致的说法,是为了研究的方便;其实两者是密不可分的,算法探究里自然有对算理的理解,算理表征同时也是对算法的呈现;这样的分法之所以能够被采用,主要是因为在具体的情况下会有所侧重。

3. 学具操作与知识内化

苏霍姆林斯基说"儿童的智慧在他的手指尖上",画图是手指尖上的学习,学具操作也是。笔者听过很多学具操作的数学课,有的很好,更多的则是表面热闹大于实在的效果,这些课堂有个突出的问题,即操作与数学是脱节的,学生参与了操作,却没有数学思考,他们没有在学具操作与数学理解之间建立联系,也就是没有在手指尖上生成智慧,没有完成知识的内化。这个问题需要在数学课上得到解决。

以《两位数减两位数的退位减法》为例,怎样把学生摆小棒、拨珠子的操作活动与竖式笔算连接起来呢?学具操作属于动作表征,竖式笔算属于符号表征,两者之间可以建立联系,比如边操作边进行竖式笔算,使之对应起来。但是实际教学中要实现以上构想往往是困难的,原因何在?其一,学具操作是动态过程,不容易被学生捕捉和把握;其二,学具操作是形象的、直观的,而竖式是抽象的,两者要由此达彼需要时间在心理上完成抽象,这个过程并非我们想象中那样容易。

如果两者之间有一个媒介、搭建一座桥梁呢?画图就是这样的媒介和桥梁。我们来看这节课的一个片段:

师:哪些同学是摆小棒帮助计算 45－17 的?谁来展示一下,你是怎么摆、怎么算的?

(请一生实物展台前边摆边说)

师:你们看懂了吗?他刚才是怎么做的?

(集体回忆摆算过程,师动态呈现小棒图,同步呈现竖式,介绍和强调退位点,见图 12、13)

>> 三位数乘两位数计算教学研究

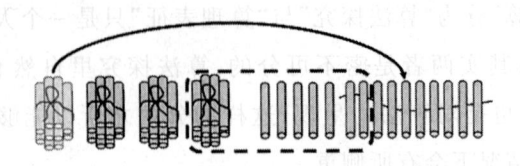

图 12　小棒图

十位 个位
$$\begin{array}{r}4\;5\\-1\;7\\\hline 2\;8\end{array}$$

图 13　竖式

师:哪些同学是选择拨珠子帮助计算的?也有不少哦,也请一位同学来拨一拨、说一说吧!

(指名上台边拨边说)

师:他又是怎么算的?同桌互相说一说。

(师慢慢地动态呈现珠子图,同步呈现竖式,同桌互说拨算过程,见图 14)

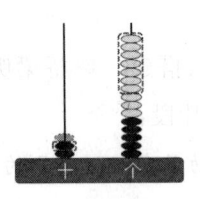

图 14　珠子图

以上教学片段中的"小棒图"和"珠子图",是对摆小棒和拨珠子操作的一种画图记录。它们的作用非常明显,具体说有两个方面:其一,将动态的操作静态化,易于学生观察、理解、分析和把握,给予学生实现数学理解的抓手;其二,将具象的学具操作半抽象化,为接下来抽象到竖式符号做好铺垫,为学生搭建完成数学抽象的阶梯。如此,学生经历"动作—图画—符号"渐次抽象化的全过程,将数学理解实实在在地链接到学具操作上,赋予后者数学的灵性。

4. 图画与算式

上一个片段中已经有"小棒图""珠子图"与"竖式"的同步呈现和对应连接,同一节课中,还有画图帮助计算的学生图画作品(见图15)与竖式的联系。

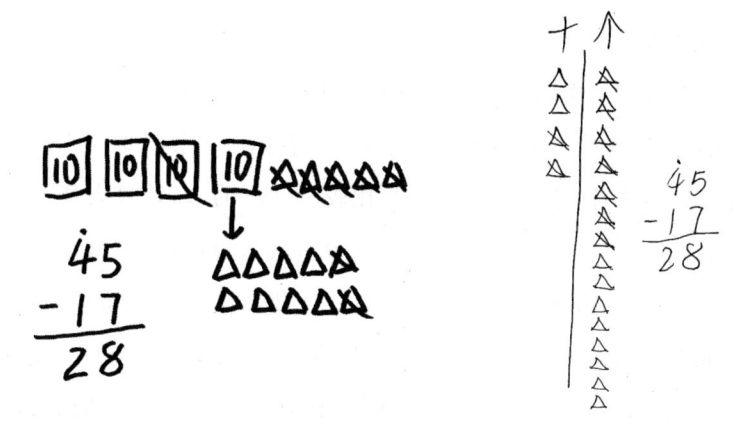

图15 画图表征算理

算式与图画的对应在《画加法》一课中也有鲜明体现,教学片段如下:

师:大家顺利完成两项任务,会画加法了,接下来咱们来玩个游戏!三人小组1人说计算过程,1人列竖式,1人画图,同步完成一道加法计算:23+18。

(学生小组活动,师巡回辅导,后请一组上台汇报,见图16)

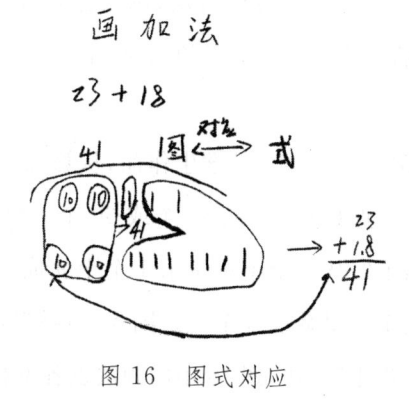

图16 图式对应

> 三位数乘两位数计算教学研究

师:通过这个游戏你发现了什么？（同桌互说,再指名说）

生1:我发现画图与摆竖式步骤和意思一样,方法不一样,一个是画图,一个是列式子。

生2:画图是在说明算式,列式是在记录画图。

师:是啊,这样的图与式原来是可以对应起来的,都可以看成对计算过程和结果的记录。

学生只有对图与式的紧密联系有着较为深刻的认识,才能真正理解画图及操作的意义,才能真正理解计算的算理。在图画与算式的关系问题上,经常出现一种误解,即认为画图表征是比较"低级"的,而符号表征比较"高级",因此有人认为"已经会列式计算了就没有必要再画图"。诚然,如果从知识的抽象程度来看,无疑符号表征的算式要比图画表征的示意图程度更高;但是,如果我们从多元表征的视角来看,情况就不一样了,动作、图画、言语、符号等表征形式是等量齐观的,在数学上可以被看作不同的语言,而在不同语言之间能否相互转换是判定理解与否和理解程度的一个指标。从这个意义上说,学生会列式计算以后,还应该会画图解释、会操作演示、会言语说明。教师需要有意识地引导学生多元表征,从而促进更为深刻和牢固的理解。

讲到算式与图画的对应,其实还隐含着另一对关系,即画法与算法。很显然,两者并不等同。算法是计算的方法,画法是对算法的图画表征方法,算法更为本质,相同的算法可以有不同的画法,不同的算法也可以采用相同的画法。

以画80－23为例,图17－18是学生作品,从算法上可以粗略地分为两类:图17为一类,属于"点数 shǔ",从80个或30个一里减去23个一;图18为一类,属于"退一当十",从8个十里拿出1个十变成10个一,再从7个十里减去2个十,从10个一里减去3个一。同为"点数"算法,图17中的画法各不相同;同为"退一当十"算法,图18中的画法也各不相同。我们鼓励学生用自己的方法画计算,允许多元表征和多样表达;我们引导学生在比较中深刻认识自己和他人的方法,倡导算法优化,不断提升数学思维。在这个意义上,我们其实是在计算教学中尽量做到"因材施教",面向每一个学生,发展每一个学生。

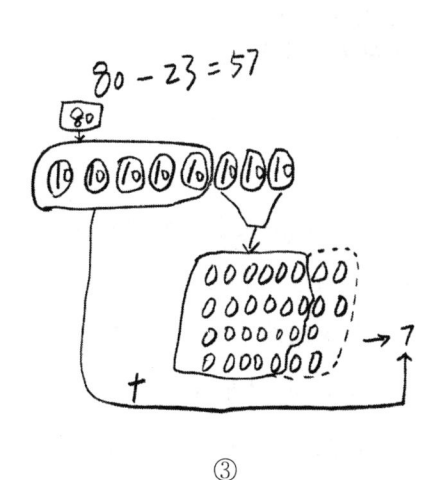

图 17 点数

图 18 退一当十

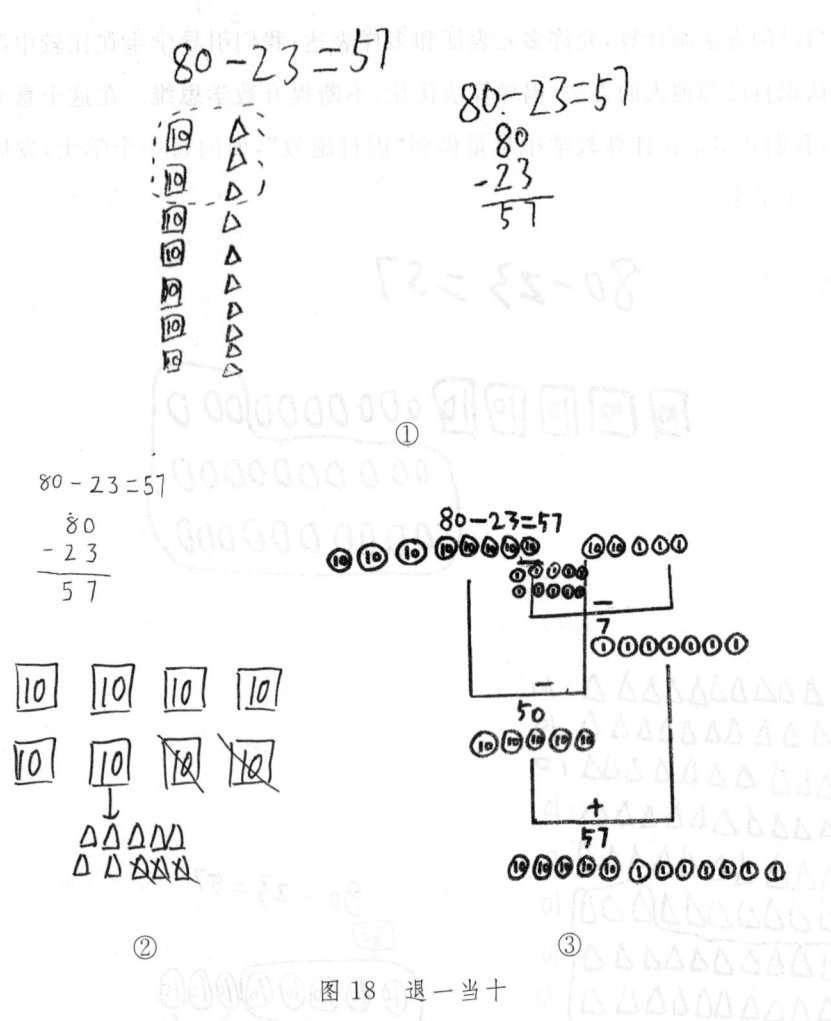

除了以上四对关系的妥善处理,"画计算"及其他形态的"数学画"教学还特别强调追求如下课堂教学,即:大环节,小容量,低结构,高思维。"大环节"往往与"大问题""大观念"相联系,在教学活动设计上强调目标导向和任务驱动;"小容量"才能留有"大空间"供学生充分活动、交流和思考;"低结构"可尽量避免预设的过于精细繁杂,也意味着较低的课堂控制;以上三点最终将保障数学课堂的"高思维",指向"深度学习"。

上一环节从教学角度论述了怎样"画计算",接下来应该还有个环节,从课程实施角度谈一谈怎样整体设计和实施"画计算"教学。需要说明的是,"数学画"教学是义务教育阶段国家数学课程的一种校本化实施,是一种嵌入式教学。即:"数学画"教学不增设课时,而是嵌入数学课时内实施教学。我们按照以下三个步骤来具体实施:1.吃透课标要求,明确"画计算"教学目标;2.选择教材母本,梳理"画计算"单元嵌入;3.参照学材提示,实施"画计算"教学及评价。囿于篇幅,这里只能如此简略提及,不再展开。

参考文献

[1]史宁中.基本概念与运算法则——小学数学教学中的核心问题[M].北京:高等教育出版社,2013.

[2]郜舒竹.小学数学这样教[M].上海:华东师范大学出版社,2015.

[3]曹培英.跨越断层,走出误区——"数学课程标准"核心词的解读与实践研究[M].上海:上海教育出版社,2017.

[4]中华人民共和国教育部.全日制义务教育数学课程标准(实验稿)[M].北京:北京师范大学出版社,2001.

[5]中华人民共和国教育部.义务教育数学课程标准(2011年版)[M].北京:北京师范大学出版社,2012.

[6]陈昱."数学画"教学行与思[M].合肥:安徽科学技术出版社,2019.

[7]孙荣杰,慕振亮.找准方向,让计算教学走向远方——"三位数乘两位数"教学设计与反思[J].小学数学教师,2019(09).

[8]朱蕾.理解运算算理 形成笔算技能——《三位数乘两位数》教学设计[J].小学教学设计,2018(Z2).

[9]李春辉.《三位数乘两位数的笔算乘法》教学设计[J].新课程(综合版),2018(05).

[10]孙腾皎.探索多样算法 发展创新思维——《三位数乘两位数》教学新探索[J].小学教学设计,2018(26).

[11]杨连全.《卫星运行时间——三位数乘两位数》教学设计[J].数学学

习与研究(教研版),2009(09).

[12]房小科.丰富思考价值 追寻高效的计算教学——《三位数乘两位数》教学设计及思考[J].中小学教学研究,2012(11).

[13]王俊.计算教学承载着怎样的教育意蕴——《三位数乘两位数笔算》教学设计[J].河北教育(教学版),2010(Z2).

[14]杨威.笔算口算化 沟通口笔算之间的联系——《三位数乘两位数》教学设计[J].小学教学设计,2017(23).

[15]张奠宙,于波.数学教育的"中国道路"[M].上海:上海教育出版社,2013.

[16]华罗庚.从孙子的"神奇妙算"谈起[M].北京:科学出版社,1963.

[17]陈昱."画数学"中学数学[J].小学数学教师,2020(5):15－16.

[18]陈昱.让学生画出算理,画出关键——以"画减法"的两次教学为例[J].小学数学教师,2020(5):23－26.